dtv

»Mein Vater heiratete immer dreißigjährige Frauen. Er wurde älter, aber seine Frauen blieben immer um die Dreißig ... Sie hießen Ruth, Litzy, das war meine Mutter, Gisela und Liselotte ...«, das ist die private Seite einer Lebensgeschichte, die um die halbe Welt führt: Herkunft aus Frankfurt, Odenwaldschule, Paris-London-Berlin, dazwischen Internierung in Kanada, nach der Emigration der Weg in die DDR. Und bei alldem die wiederkehrende Erfahrung: »Zu Hause Mensch und auf der Straße Jude.«
Barbara Honigmann erzählt lakonisch und witzig, traurig und mitreißend von ihrer deutsch-jüdisch-kommunistischen Sippe. Ein schmales Buch, aber ein großes Buch über Deutschland und die bewegende nachgetragene Liebeserklärung an einen außergewöhnlichen Mann: »Das war Georg, mein Vater.«

Barbara Honigmann, 1949 in Ost-Berlin geboren. Arbeitete als Dramaturgin und Regisseurin. 1984 Emigration mit der Familie nach Straßburg, wo sie noch heute lebt. Honigmanns Werk wurde mit zahlreichen Preisen ausgezeichnet, u. a. dem Heinrich-Kleist-Preis, dem Max Frisch-Preis der Stadt Zürich und 2021 mit dem Jean-Paul-Preis für ihr Lebenswerk. Für ›Georg‹ erhielt sie 2020 den Bremer Literaturpreis.

Barbara Honigmann

Georg

Roman

dtv

Von Barbara Honigmann ist bei dtv außerdem lieferbar:
Roman von einem Kinde (12893)
Alles, alles Liebe! (13135)
Ein Kapitel aus meinem Leben (13478)
Eine Liebe aus nichts (13716)
Soharas Reise (13843)
Bilder von A. (14240)
Chronik meiner Straße (14542)

Ausführliche Informationen über
unsere Autorinnen und Autoren und ihre Bücher
finden Sie unter www.dtv.de

2021 dtv Verlagsgesellschaft mbH & Co. KG, München
Lizenzausgabe mit Genehmigung
der Carl Hanser Verlag GmbH & Co. KG, München
© 2019 Carl Hanser Verlag GmbH & Co. KG, München
Umschlag: dtv nach einer Vorlage von Peter-Andreas Hassiepen,
München unter Verwendung eines Fotos aus dem Privatbesitz
der Autorin
Satz: C.H.Beck.Media.Solutions, Nördlingen
Satz nach einer Vorlage von Gaby Michel
Druck und Bindung: Druckerei C.H.Beck, Nördlingen
Printed in Germany · ISBN 978-3-423-14773-6

GEORG

Kurz nach seinem sechzigsten Geburtstag zog mein Vater in ein möbliertes Zimmer, Toilette und Bad auf dem Gang, in Hirschgarten, einem südöstlichen Vorort von Berlin. Um zu telefonieren, musste er hinunter zur »Landlady«, wie er sich ausdrückte, die das Erdgeschoss bewohnte. Das Zimmer nebenan auf dem Gang war an einen Studenten der Humboldt-Universität vermietet. Die »Landlady«, eine ältliche deutsche Zicke, hatte ihn als erstes eine Hausordnung unterschreiben lassen, in der sie ihm Krach und Besuch nach 22 Uhr verbot.

Er bekam dort in Hirschgarten sowieso keinen Besuch außer von mir, seit der Scheidung meiner Eltern vor vielen Jahren verbrachten wir alle Wochenenden zusammen, meistens holte er mich Samstagmittag von der Schule ab, aber manchmal fuhr ich auch »in die Stadt«, wie man das Stadtzentrum nannte, in den ersten Jahren in die Hannoversche Straße und später in das Hugenottenviertel, das ein bisschen zurückgesetzt von der Friedrichstraße liegt, wo er mit der Frau, die er nach meiner Mutter geheiratet hatte, wohnte, bis er nun auch diese gemeinsame Wohnung verließ und das möblierte Zimmer in Hirschgarten bezog.

Es war ein Samstag. Ich war 14 Jahre alt und fuhr zum ersten Mal nach Hirschgarten, dem südöstlichen Vorort, der schon einen ländlichen Charakter trägt und in den ich in meinem Leben noch nie einen Fuß gesetzt hatte, und ich verstand nicht, was geschehen war. Mein Vater saß in einem hässlichen und engen Zimmer auf dem Bett, grau im Gesicht, zusammengesunken und schweigend, ein Koffer lag offen auf dem Boden, darin wenige Anziehsachen und ein paar Bücher, bis er endlich sagte, na komm, gehen wir ein bisschen spazieren. Und dann gingen wir erst einfach die Straße entlang, an den Villen und ihren Vorgärten vorbei, dann drehten wir ein paar Runden in einem kleinen Park; er sprach kein Wort und hörte auch nicht zu, als ich versuchte, sein Schweigen durch mein Reden zu füllen, was Roswitha so macht, wie es Bärbel geht mit ihren fünf Brüdern und Bettina mit ihren Schwestern, und vom Ballett und von der Schule und den Lehrern. Sonst war es ja meistens mein Vater, der von seinem Leben erzählte, von der Odenwaldschule, die er in seiner Jugend besucht hatte, von seiner Großmutter Anna, deren Namen ich trage, von seinem Bruder und seiner Mutter, die beide so früh gestorben waren, und von den verschiedenen Ländern, in denen er gelebt hatte, und alle diese Erzählungen und Erinnerungen wurden von mir stets durch »Erzähl weiter, Pappi« im Fluss gehalten. So war es sonst immer gewesen, aber jetzt ging er neben mir und weinte, und als wir später in das möblierte Zimmer zurückgekehrt waren, briet er mir ein Spiegelei auf der elektrischen Kochplatte, die da auf dem kleinen Tisch neben ein paar Büchern und Papieren stand, und danach begleitete er mich zum S-Bahnhof, obwohl er mich sonst immer mit dem Auto nach Hause zu meiner Mutter zurückbrachte, aber jetzt fehlte ihm wohl, ebenso wie zum Sprechen, die Kraft zum Autofahren, obwohl er das Autofahren so liebte.

Wie wird jetzt alles werden, fragte ich abends meine Mutter. Die wusste es natürlich auch nicht und drehte bloß die Augen zum Himmel, »ein sechzigjähriger Mann in einem möblierten Zimmer!«

Die Frau, von der er sich getrennt hatte, war Schauspielerin am Theater, und entsprechend dramatisch verlief das Auseinandergehen und war wohl auch schon das Zusammenleben verlaufen, in dem es Betrug, Ehebruch und hässliche Szenen gegeben hatte. Aber erst in den letzten Jahren, glaube ich, als es schon zu Ende ging und gleichzeitig eine neue Phase in der Karriere der Schauspielerin begann, als sie nämlich anfing auch als Sängerin berühmt zu werden und im Ausland auftrat und bejubelt wurde, an Theatern, die in der ganzen Welt bekannt waren, und sie, überwältigt von ihren Erfolgen, dann auch einer Affäre mit einem italienischen Theaterdirektor nicht widerstehen konnte. Mit dem italienischen Theaterdirektor hatte das Drama wohl angefangen, und einmal zurückgekehrt aus Italien, begann sie auch in Berlin Verhältnisse mit anderen Männern, darunter mit einem schwulen Maskenbildner, das behauptete jedenfalls mein Vater und revanchierte sich, indem auch er Affären mit anderen Frauen begann. Von diesen anderen Frauen bekam ich einige zu sehen, weil er sich nämlich in der Zeit, als er in dem möblierten Zimmer in Hirschgarten untergekommen war, manchmal in der Wohnung meiner Mutter einrichtete, wenn sie ab und zu für ein, zwei Wochen wegfuhr; ich kam ahnungslos nach Hause, aus dem Kino oder von der Ballettstunde, und sah meinen Vater mit einer fremden, natürlich jungen Frau auf dem Sofa meiner Mutter sitzen, ziemlich eng beieinander saßen sie, und wenn ich eintrat, rückten sie schnell auseinander, und ich verzog mich natürlich sofort wieder, es war mir sehr unangenehm, sie sozusagen ertappt zu haben.

Nach dem Auszug in das möblierte Zimmer in Hirschgarten begannen sich mein Vater und die Schauspielerin zu bekriegen, es gab keine Aussprachen mehr und keine Versöhnungen zwischen ihnen, sie lieferten sich nur noch einen hässlichen Wettbewerb, wer dem anderen mehr Schmerz zufügen konnte, und ich weiß nicht, wer schließlich als Sieger aus diesem Kräftemessen hervorging; die Wunden jedoch, die sie sich gegenseitig beibrachten, mussten von der Art, die nie mehr heilen, gewesen sein, denn nach ihrer Scheidung, bis zu der es noch ein, zwei Jahre dauerte, sprachen sie nie mehr miteinander und haben sich auch nie mehr wiedergesehen. Die Schauspielerin überlebte ihn um dreißig Jahre, sie war ja viel jünger als er.

Während der Monate in dem möblierten Zimmer stellte mein Vater dann einen Antrag auf eine Wohnung, und es wurde ihm nach längerem Warten eine Anderthalb-Zimmer-Wohnung in einem der Plattenbauten gegenüber dem Ost-Berliner Tierpark zugewiesen, im gerade neu errichteten Hans-Loch-Viertel, das vom Volksmund wegen seiner stumpfsinnigen, öden Architektur »Hans-im-Loch-Viertel« genannt wurde.

Mein Vater heiratete immer dreißigjährige Frauen. Er wurde älter, aber seine Frauen blieben immer um die dreißig. Die erste, die zweite, die dritte und die vierte Frau. Sie hießen Ruth, Litzy, das war meine Mutter, Gisela und Liselotte. Mit der letzten Frau bekam er noch ein Kind, als er schon weit über sechzig war, es war wieder eine Tochter, und wieder nannte er diese Tochter Anna, so wie er mich auch schon Anna genannt hatte, zum Andenken an seine geliebte Großmutter Anna Weil, geborene Sander.

Außerdem hatte er im Laufe seines Lebens noch viele Geliebte, von denen ich, wie gesagt, manche traf, von manchen nur wusste oder hörte, und von anderen wurde mir erst nach seinem Tod erzählt, dass er nämlich zum Beispiel, als er nach dem Krieg aus England nach Deutschland zurückgekehrt war, während meine Mutter, die zu dieser Zeit seine Frau war, noch in England darauf wartete, dass er in Berlin eine Wohnung fand, sich dort auch sofort wieder eine Geliebte angeschafft hatte. So hat Lotte mir das erzählt, die beste Freundin meiner Mutter, nach ihrer Aussage soll die Geliebte eine spanische Tänzerin gewesen sein, und als ich sie fragte, was denn die spanische Tänzerin in dem zerbombten Berlin gesucht habe, wusste sie es natürlich nicht, aber die Affäre hat sie noch vierzig Jahre später, nach Georgs Tod, aufgeregt.

Mein Vater hieß Georg, so wie sein eigener Vater, dessen zweiter Name Gabriel war. Mein Vater trug neben dem Namen Georg noch die Vornamen Friedrich und Wolfgang. Seine Mutter hieß Leonie, und sein Bruder hieß Heinrich. Leonie und Heinrich verlor er früh.

»Meine arme Mutter hat ihr ganzes Leben lang immer und überall vierblättrige Kleeblätter gefunden, denen man doch nachsagt, dass sie Glück bringen, aber dann starb sie schon so jung, mit 34 Jahren«, erzählte Georg. Sie hatte sich außerdem noch taufen lassen mit ihren beiden Söhnen, da war Heinrich sechs Jahre alt und Georg ein Baby, aber auch das hat ihr Leben nicht verlängern können, und Georg hat sie nie in seinem Leben anders als krank erlebt, meistens im Bett liegend. Sie hat jahrelang mit niemandem mehr gesprochen außer mit ihm, mit Georg, meinem Vater, der damals noch ein Kind war, so hat er es erzählt, »ich war ihr Sprecher, ihr Vermittler nach draußen«. Er hat es sehr oft erzählt. »Meine arme Mutter«, sagte er immer, wenn er von ihr sprach. »Ich war elf Jahre alt, als meine arme Mutter starb.«

Sie wohnten in Wiesbaden, in einem großbürgerlichen Haus im neoromanischen Stil, voll herrschaftlichem Pathos, wie er es später nostalgisch beschrieb, nicht weit von dem Sanatorium am Fuße des Sonnenbergs, das Georgs Vater leitete, ein Sanatorium für Innere Medizin und Nervenheilkunde.

Nur vier Jahre nach seiner Mutter ist Heinrich gestorben, das heißt, er fiel auf dem Schlachtfeld des Ersten Weltkriegs in Frankreich, als Fähnrich in der 11. Kompanie des Infanterieregiments Nr. 113, durch einen Kopfschuss. Der genaue Hergang ist in der »Kriegsstammrolle« des Regiments beschrieben, und die arme Familie, die nun nur noch aus den beiden Georgs, Vater und Sohn, und Leonies Mutter Anna bestand, wird es so mitgeteilt bekommen haben. Das war kurz vor dem Ende des Krieges, im September 1918, und Heinrich war gerade, wie in der »Kriegsstammrolle« verzeichnet ist, von einem Heimaturlaub zurückgekehrt, hatte in Wiesbaden den Vater, den Bruder, die Großmutter und das Grab seiner Mutter besucht. Er selbst hat dann kein eigenes Grab bekommen können, da er in Feindesland fiel, und auch die »Kriegsstammrolle« kann ihn nur als »vermisst« vermelden. Erst später werden sie wohl all die Leichen eingesammelt und sie in einem Gemeinschaftsgrab beerdigt haben, keiner weiß genau, wo Heinrich begraben liegt, vielleicht irgendwo unter den Grabmälern und Gedenksäulen für den unbekannten Soldaten. Wie so viele von den unbekannten Soldaten war Heinrich noch keine 20 Jahre alt gewesen. Ich habe nie weiter etwas über ihn und seine Pläne und Projekte gehört; ob er studiert oder vielleicht eine Freundin oder Verlobte hatte, nur von dummen, ja sogar grausamen Spielen unter Brüdern erzählte Georg, Heinrich habe ihn manchmal nachts aus dem Schlaf gerissen und in die mit kaltem Wasser gefüllte Badewanne getaucht und über den Schreck, den er dem kleinen Bruder verpasste, noch gelacht. Das war eigentlich das einzige, was ich überhaupt je von Heinrich erfahren habe. Trotz seines so frühen, sinnlosen Todes hat Georg ihn nie »mein armer Bruder« genannt. Auch ein Foto von ihm gibt es nicht, ich habe keine Vorstellung davon, wie er ausgesehen haben mag.

Von Georg jedoch gibt es zwei Kinderfotos, das heißt, es gab diese Fotos, ich erhielt sie als Kopien von meiner Halbschwester, Georgs Tochter mit seiner letzten Frau, die er nach dem Misserfolg der Ehe mit der Schauspielerin heiratete, nachdem er aus dem möblierten Zimmer in Hirschgarten wieder ausgezogen war, zunächst in die ihm zugewiesene Anderthalb-Zimmer-Wohnung im »Hans-im-Loch-Viertel«, bis sie schließlich mit der kleinen Tochter zusammen in einem Villenviertel Berlins in ein Haus mit Garten drumherum zogen. Die Kopien der beiden Fotos habe ich verlegt oder verloren, aber die Bilder sind mir noch ganz gegenwärtig, man sieht Georg als kleinen Jungen in einem Faschingskostüm mit einer lustigen Faschingsmütze auf dem Kopf und einem albernen Kasperle in der Hand, und auf dem anderen Bild ist er mit seinem Vater zu sehen, er reicht ihm noch nicht einmal bis zur Brust und ist in einen dunklen Anzug und Krawatte eingeklemmt, der Vater legt ihm die Hand auf die Schulter. Der große Georg ist ein imposanter, breitschultriger Mann mit einem kräftigen dunklen Schnurrbart im Gesicht, der kleine Georg, mein Vater, ein schmächtiger Bub mit einem traurigen Gesicht.

Georgs Großmutter, Leonies Mutter, lebte während der Krankheit ihrer Tochter mit in dem neoromanischen Haus und überwachte den Haushalt und die Dienstboten, wohl um Leonie beizustehen, zu helfen, irgendetwas zu tun, Heinrich und Georg zu trösten, obwohl alles so hoffnungslos aussah. Leonie war ihr einziges Kind, und sie war selbst früh Witwe geworden. Nachdem Leonie gestorben und begraben war, warf ihr Schwiegersohn sie aus dem neoromanischen Haus in Wiesbaden raus. Das reichte nun. Sie hieß, wie gesagt, Anna, und Georg hat sie sehr geliebt, sie hatte immer »goldisch Bubsche« zu ihm gesagt, wie er erzählte, denn sie stammte aus Darmstadt. Das spricht man dort »Dammschtadd« aus, und dorthin zog sie wieder zurück und nahm Georg mit, bevor er später die Odenwaldschule besuchte und im Internat in Ober-Hambach lebte, nicht sehr weit von »Dammschtadd«.

Sein Vater aber hatte auch in so kurzer Zeit erst seine Frau und dann seinen Sohn verloren. Er hatte sich erst ziemlich spät in seinem Leben mit der deutlich jüngeren Leonie verheiratet und ihr zur Hochzeit einen ganzen »Liederkranz« gedichtet und auch drucken lassen. »Jüngst im Palmengartensaal / sah ein Ärzte-Bacchanal / Frankfurt an dem Maine. / Lackbeschuht und schwarz befrackt / schwang auch ich im Walzertakt / eine liebliche Kleine.« Nach dem Tod der lieblichen Kleinen allerdings nahm er sich bald wieder, viel zu schnell, wie sein Sohn fand, eine neue Frau, eine Christin, die hieß auch noch Hanna, fast wie die geliebte Großmutter, die sein Vater einfach so hässlich abserviert und rausgeworfen hatte, er habe die neue Frau wirklich gehasst, hat Georg gesagt.

Er hat immer nur schlecht über seinen Vater gesprochen, ich glaube, er mochte ihn nicht, manchmal klang es gar, als habe er auch ihn gehasst. Dabei trug er dann später als erwachsener Mann genauso einen kräftigen Schnurrbart wie sein Vater auf dem Foto, ihrer beider Handschriften waren ununterscheidbar, und offensichtlich in einem uneingestandenen Wunsch nach Nähe sah sich Georg auch als Arzt, der er ja nun wirklich nicht war; er gab immer viele ärztliche Weisheiten von sich, diagnostizierte jedes Symptom, missbilligte und urteilte jeden anderen Arzt und seine Diagnose ab, von der Behandlung ganz zu schweigen, und erklärte ihn und alle anderen Ärzte für völlig unfähig. Er selbst war nie krank, er mochte auch keine Kranken, er war kein eingebildeter Kranker, sondern ein eingebildeter Arzt, und seine ärztliche Anmaßung bestand zum Beispiel in solchen Therapien wie: »Wir bekämpfen das Fieber, indem wir es nicht messen.«

Noch heute glaube ich, dass er gerne Arzt geworden wäre, wie sein Vater und wie sein Großvater und sein Urgroßvater, denn in »Dammschtadd« verheirateten die jüdischen Bankiers ihre Töchter mit Ärzten, Hofärzten des Großherzogs von Hessen-Darmstadt, versteht sich. Und sogar seine Dissertation, mit der er, wenn auch nicht zum Dr. med., sondern zum Dr. phil. promoviert wurde, galt Georg Büchner, der ja auch Mediziner war.

In der Zeit, als mein Vater schon lange in der DDR lebte und weit weg von jeder ärztlichen Wissenschaft in einem sozialistischen Kulturbetrieb herumlavierte, erhielt ich einmal einen Brief von ihm. Ich glaube, er hatte ihn während der Zeit der Trennung von der Schauspielerin, die sich ziemlich lange hinzog, geschrieben, es ging ihm nicht gut in der Seele, und sein Körper bescherte ihm, auch wenn er es nicht zugeben mochte, eine Angina pectoris, also eine Herzkrankheit, eine »Enge in der Brust«, man hatte ihm deswegen eine Kur in Bad Elster, dem Kurort im sächsisch-bayrisch-böhmischen Länderdreieck verordnet, und von dort schrieb er mir. »Weißt Du, mein liebes Kind, ich lebe hier während dieser vier Wochen ganz einsam und finde das wohltuend, denn wenn ich mir die Leute ansehe, die da herumlaufen und im Speisesaal und manchmal sogar an meinem Tisch sitzen, und mir vorstelle, welchen fürchterlichen Unsinn sie erzählen würden, tut es mir gar nicht leid. So komme ich viel zum Nachdenken und möchte Dich an einer meiner Erkenntnisse teilhaben lassen: Richte, liebes Kind, Dein Leben heute so ein, dass Du nicht später sagen wirst – oh, hätte ich doch damals –, wie es sich Dein armer Vater immer wieder sagt.«

Georgs Vater schloss nach Leonies Tod und nach dem Ende des Krieges sein Sanatorium in Wiesbaden und kehrte nach Gießen zurück, wo er seine ärztliche Laufbahn begonnen und sich habilitiert hatte. Dort wandte er sich der Geschichte der Medizin zu und gab die Zeitschrift »Hippokrates« heraus, deren Artikel er zum größten Teil selbst verfasste. Im Zentrum der Zeitschrift standen Betrachtungen zur Rolle des Arztes zwischen der Wissenschaft und der Heilkunst, nach seiner Auffassung sollte sich der Arzt viel mehr dem einzelnen Menschen und seiner Lebensgeschichte, seinen Symptomen und Traumata zuwenden, statt sich nur der diagnostischen und therapeutischen Vervollkommnung hinzugeben. Es hieß dann von ihm, er habe »eine Aussprache über das, was man später die Krise der Medizin genannt hat, eröffnet«. Er verstand sich als Reformer der Medizin, wahrscheinlich nicht als Revolutionär, hielt in Gießen Vorlesungen zur Geschichte der Medizin und schrieb das Buch »Vom Wesen der Heilkunde«, dem er die Widmung »Dem Andenken meines Sohnes Heinrich, gefallen in Frankreich am 17. September 1918« voranstellte.

Vielleicht hat sich Georg später als »eingebildeter Arzt« betragen, um noch irgendeine Bindung an seinen Vater zu bewahren, aber für die Suche seines Vaters nach den Symptomen und Traumata der Seele im Körper, der »Enge des Herzens« etwa, hatte er überhaupt kein Verständnis und kein Interesse und fand das geradezu lächerlich und unwissenschaftlich, das konnte er als »eingebildeter Arzt« ja gut beurteilen. Später in England unterzog er sich einmal ein paar Wochen oder Monate einer psychoanalytischen Kur, wahrscheinlich hatte ihm Ruth, die damals seine Frau war, dazu geraten, denn Georg litt sein ganzes Leben an Depressionen, verstummte und versteinerte dann für einige Tage oder Wochen. Das haben alle seine Frauen so erlebt, sie haben es mir so berichtet, Ruth, Litzy, Gisela und Liselotte, ich aber habe meinen Vater nicht in diesem Zustand erleben müssen, jedenfalls habe ich keine Erinnerung daran; vielleicht konnte er sich vor seinem Kind verstellen, dass es die Verstimmung nicht merkte, vielleicht wollte er das seinem Kind nicht zumuten. Aber auch über die Analyse bei Winnicott hatte er nur Schlechtes zu berichten und tat diese Seelenkur, die den Theorien und der ärztlichen Praxis seines Vaters so nah war und der er sich offensichtlich gegen seinen Willen, nur unter dem Druck seiner Frau unterzog, als Unsinn ab, spottete noch jahrelang darüber. Vielleicht haben dieser Spott und die Ablehnung zur Trennung von Ruth beigetragen, die, nachdem sie so wie er Journalistin gewesen war, in England noch einmal Medizin studierte, sich auf die Psychiatrie spezialisierte und dann viele Jahre am Charing Cross Hospital in London an der Heilung gestörter und kranker Menschen arbeitete. Im Gegensatz zu Georg konnte sie kein Heil in der politischen Bewegung entdecken, die er später durch Litzy, meine Mutter, in London kennenlernte – den Kommunismus. Georg aber fühlte sich vom Kommunismus offensichtlich ebenso angezogen wie von Litzy selbst, und der wurde dann zur »dritten Sache« des neuen Paares, die sie einige Jahre zusammenhielt.

Die Großmutter Anna nahm das »goldisch Bubsche«, statt es mit seinem Vater nach Gießen ziehen zu lassen, mit zu sich nach »Dammschtadd« und versuchte, ihm in ihrem Haus die Mutter zu ersetzen und Bildung und Erziehung nach ihrem Stil zu geben. Manchmal führte sie den Enkel nach Frankfurt, die große Stadt neben Darmstadt, zeigte ihm die Kunstsammlung des Städel-Museums und den Palmengarten, wo Georg fleischfressende Pflanzen zu sehen bekam, die die große Faszination seiner Kindheit blieben, wie er oft erzählt hat.

Anna Weils verstorbener Mann war, genau wie ihr Schwiegersohn, Arzt gewesen, und auch dessen Vater war es, die Weils waren die ersten »Israeliten« im Staatsdienst des Großherzogs, denen das Ritterkreuz I. Klasse verliehen wurde, und dazu genehmigte der Großherzog ihnen einen eigenen Wagen, damit sie, Vater und Sohn, auf der ganzen Bergstraße von Darmstadt bis Heidelberg ihre Heilkunst ausüben könnten, ein Detail, das bei Georg, der sein ganzes Leben Autos und Autofahren liebte, in den viel späteren Erzählungen einen wichtigen Platz einnahm und das er nie zu erwähnen vergaß. Annas Vater hingegen, Ferdinand Sander, war Bankier, Hofbankier des Großherzogs von Hessen-Darmstadt, er eröffnete eine der ersten Privatbanken dort in »Dammschtadd«, die dann sein Sohn, Annas Bruder, übernahm, aber später an die Deutsche Bank verkaufte. Mein Vater wusste noch Jahrzehnte später die Adresse auswendig, Kaiserstraße 31, I. Stock. Alle Brüder der geliebten Großmutter waren Bankiers, nur einer handelte mit Brillanten und lebte in Paris und Konstantinopel, das klang wundervoll, »Erzähl weiter, Pappi«, und mein Vater kostete es auch aus: »Paris und Konstantinopel«; dieser Onkel Max hat sich nie verheiratet, in Paris nicht und auch nicht in Konstantinopel, er blieb kinderlos und endete in einem Altersheim, auch die Adresse dieses Altersheims blieb meinem Vater noch für Jahrzehnte im Gedächtnis. Er hatte nämlich Georg als einzigen Erben eingesetzt und ihm sein gesamtes Vermögen hinterlassen, aber der hatte nichts davon, denn durch die Inflation zerrann es ihm gleich wieder, das war das Ende der Geschichte von Onkel Max. Was aus den anderen Brüdern und ihren Kindern nach 1938 geschah, nachdem die Banken arisiert worden waren, das blieb im Dunkeln, mein Vater wusste es nicht oder er sagte es nicht, davon gab es keine Erzählungen, ja, nicht einmal Erwähnungen. In seinem späteren Leben in der DDR, und besonders während all der Überprüfungen und Säuberungen der fünfziger Jahre, war es dann ja auch nicht besonders gut angesehen, aus einer Bankiersfamilie zu stammen.

»Vater Arzt und Professor an der Universität Gießen, politisch fortschrittlich, schwere Jahre nach 1918, Mitglied der Deutschen Demokratischen Partei«, gab Georg in einer der zahllosen Überprüfungen, für die er wieder und wieder Lebensläufe schreiben musste, von seinem Vater preis, die Bankiers erwähnte er erst gar nicht.

Die Schauspielerin stammte wie Georg aus Hessen, und so verband sie vielleicht auch eine Erinnerung an das heimatliche Hessen miteinander, in dem sie Wege und Begegnungen hinter sich gelassen hatten, von dem sie sich weit entfernt fühlten und das ihnen im preußischen Berlin fehlte, ja, sie begründeten sogar einen gewissen Hessen-Kult. Der stellte vielleicht eine Zeitlang so etwas wie ihre »dritte Sache« dar, keine große Sache, aber eben die Vertrautheit durch die gleiche landschaftliche und sprachliche Herkunft. Manchmal ließen sie sich zum Spaß in den Dialekt fallen, da verstand ich kein Wort, ich war doch Berlinerin.

Einmal unternahmen sie sogar eine Reise dahin. Sie fuhren mit ihrem Auto, Marke Wartburg, nach Wetzlar und nach Darmstadt, die Bergstraße hinauf und hinunter und nach Bad Schwalbach, das zwar nicht an der Bergstraße liegt, aber dafür nahe bei Wiesbaden. Es war noch vor dem Bau der Mauer, und so fuhren sie einfach los und verbrachten ihre Ferien in ihrer verlorenen Heimat und zeigten sich gegenseitig die Orte, wo sie Kinder gewesen waren. Die große Karriere der Schauspielerin, während der sie zuerst nach Italien und später durch die ganze Welt fuhr und ein Star wurde, hatte noch nicht begonnen. Die Leute dort in Hessen werden sich über den Wartburg gewundert haben, denn zu dieser Zeit sah man wohl im Westen nicht so viele Autos aus dem Osten und mit einem Ostberliner Kennzeichen herumfahren. Die Schauspielerin hat mir übrigens einmal erklärt, diese Ost-Kennzeichnungen IA, IB usw. seien noch die alten Vorkriegsautonummern gewesen und das Kennzeichen B, mit dem die Westberliner Autos herumfuhren, nur ein Ersatzbehelf. Irgendwie klang aus dieser Erklärung ein gewisser Stolz, oder vielleicht war es einfach die Genugtuung zu wissen, dass irgendetwas noch aus der Zeit vor dem Krieg übrig geblieben war, etwas Neutrales, Heiles und völlig Unschuldiges wie eine Autonummer, und dass es ausgerechnet der Osten war, der es bewahrte. Schließlich lebten sie ja nun beide, Georg und die Schauspielerin, im Osten, hatten es bewusst gewählt, dort zu leben, und bewusst kehrten sie nach ihrer nostalgischen Hessenreise auch wieder dorthin zurück; beide waren sie, mein Vater und die Schauspielerin, voller Überzeugung Mitglieder der Partei, der Sozialistischen Einheitspartei, die den Osten Deutschlands regierte.

In dieser Zeit ungefähr muss es gewesen sein, da schrieben sie zusammen ein Theaterstück, oder vielleicht sollte es auch das Drehbuch für einen Film sein. Es hieß »Vor unseren Augen« und enthielt Szenen aus Berlin während der Nazizeit, vielleicht nach dem Vorbild von Brechts »Furcht und Elend des Dritten Reiches«, darunter waren auch Szenen von der Judenverfolgung. Mein Vater drückte mir nämlich einmal das Manuskript in die Hand und gab es mir zu lesen, während er sich mit der Schauspielerin zu einer Siesta nach dem Mittagessen zurückzog; ich erinnere mich am stärksten an das rötliche Durchschlagpapier, auf dem ich die blau verwischte Schreibmaschinenschrift nur schwer lesen konnte, und den Schock, den mir der Text versetzte, der unter anderen Szenen der Verfolgung von Gegnern des Naziregimes die Demütigungen eines jüdischen Mannes durch irgendwelche SA-Kerle beschrieb. Wir hatten nie über »diese Sachen« gesprochen, keiner hatte davon gesprochen, von den Demütigungen, Verfolgungen und dem Mord an den Juden; mein Vater war ja in England gewesen, er hatte es nicht am eigenen Leib erfahren und auch nicht mit eigenen Augen mit ansehen müssen, und was mit den Onkeln, Tanten, Nichten, Neffen, Vettern und Cousinen, denen die Auswanderung nicht gelang, geschehen ist, davon war, wie gesagt, nie gesprochen worden, obwohl er es doch gewusst haben muss. Aber vielleicht wusste er es nicht einmal und fühlte es nur wie eine Schwere und Leere in seinem Leben. Aber dass er es dann in dem Theaterstück oder Filmdrehbuch plötzlich breit ausmalte, schockierte mich und beschämte mich auch, weil ich überhaupt nicht verstand, was ich ihm denn hätte sagen sollen, nachdem ich das gelesen hatte, ich war ja auch viel zu jung, ein Kind noch, vielleicht zehn Jahre alt. Erst später gab er mir »Das Tagebuch der Anne Frank«, der ich im übrigen so ähnlich gesehen haben soll, wie alle immer sagten, zu lesen, in dem wenigstens das schreckliche Ende ausgeblendet blieb.

Die Schauspielerin war nicht jüdisch wie seine zwei vorhergehenden Frauen, aber sie kam wenigstens nicht aus einer deutschen Nazifamilie, ihre Eltern waren im Widerstand oder dem Widerstand gegen das Naziregime nahe gewesen, ihr Vater war seit den zwanziger Jahren Sozialdemokrat und ihre Mutter ebenso lange Mitglied der KPD gewesen, das verband sie, und außerdem stammten sie ja auch aus Hessen und waren im übrigen ungefähr gleichaltrig mit Georg.

Von Paul Geheeb, statt von seinem Vater, sprach Georg dafür umso mehr. Solange ich zurückdenken kann, hörte ich von »Paulus«, so wurde Paul Geheeb genannt, und von diesen anderthalb Jahren, die Georg in der Odenwaldschule verbrachte, einer Schule ohne Klassen, ohne Zensuren, ohne Zeugnisse, ohne Prüfungen, die Geheeb, finanziert von seinem Schwiegervater Max Cassirer, dort in dem Kaff, in Ober-Hambach, einem Ortsteil von Heppenheim, an der hessischen Bergstraße im Odenwald gelegen, gegründet hatte, wo Jungen und Mädchen zusammen lernten und als »Familien« in einzelnen Häusern lebten und auch nicht nach Altersstufen getrennt. Im Gründungsjahr der Schule, 1910, war es die erste Schule im ganzen Deutschen Reich, die das Prinzip der Koedukation einführte, genehmigt einzig vom Großherzog von Hessen-Darmstadt, der auch sonst als offener Geist und Förderer von Kultur und Wissenschaft galt. Diese unkonventionelle Erziehungsidee, die dem ganzheitlichen Prinzip entsprach, nach dem Georgs Vater in der Medizin strebte, muss ihn beeindruckt und überzeugt haben, deshalb schickte er seinen Sohn dorthin, zumal Ober-Hambach ja nicht weit von Gießen und noch näher an »Dammschtadd« lag, wo die

Großmutter Anna lebte, die Georg dann oft besuchen konnte. Das Abitur gehörte an der Odenwaldschule, deren Unterricht auf freier Auswahl beruhte und in einem Kurssystem organisiert war, nicht zum Programm, Georg und alle anderen Schüler mussten es als Externe irgendwo an »normalen« Schulen ablegen, und mein Vater hat oft erzählt, er habe es dann mit Leichtigkeit am Gymnasium des nahe bei »Dammschtadd« gelegenen Friedberg »hingelegt«, denn die viele Freiheit an der »OSO« habe die intellektuellen Fähigkeiten der Schüler eben auch in den Fächern, die sie nicht studierten, beflügelt.

Zu der ersten Begegnung mit Paulus begleitete ihn sein Vater, und dann zog Georg dort als Siebzehnjähriger in das nahe am Waldrand gelegene »Schillerhaus« ein. Die Häuser trugen nämlich alle die Namen derer, die Paulus als seine »Heiligen« ansah, Platon und Goethe und Schiller und Humboldt, die sollten jedes dieser Häuser beschützen und darin Weisheit erstrahlen lassen. Die familienähnlichen Strukturen des Wohnens und Lernens waren erdacht, um Pindars Motto »Werde, der du bist« zu verwirklichen, denn das war es, wonach die Schüler streben sollten und was ihnen Paulus zu vermitteln suchte, die persönliche Freiheit in der Natur, in der sie dort lebten und oft tagelange Wanderungen unternahmen, und nach der Weisheitslehre der alten Meister.

»Man war dann für sein ganzes späteres Leben verdorben«, sagte mein Vater jedes Mal, wenn er von der Odenwaldschule sprach, und er sprach oft von ihr. Klaus Mann, der auch einen Teil seiner Schulzeit dort verbrachte, hat es in seinen Lebenserinnerungen so ähnlich beschrieben: »…dies zugleich unschuldig-fröhliche und problematisch-spannungsreiche Zusammenleben junger Menschen in völliger Freiheit, weit weg von den Konventionen der Stadt, des Elternhauses. Wer den Zauber dieser Daseinsform einmal gekostet hat, dem bleibt die Sehnsucht danach im Blut.«

Eine kosmopolitische und in jeder Hinsicht gemischte Gesellschaft lebte dort zusammen, Söhne und Töchter reicher Industrieller und Bankiers lernten, wohnten und wanderten mit den Söhnen und Töchtern von Künstlern, Bohemiens und politischen Emigranten, wie es sie z.B. nach der Zerschlagung der Räterepublik in Ungarn gab. Sie alle wurden von Paulus empfangen und in seinem Sinne behütet; gemeinsam tanzte dieses gemischte Völkchen morgens nackt durch das taufeuchte Gras oder las unter Bäumen hingelagert die Dramen des Sophokles oder den »Peloponnesischen Krieg« des Thukydides, natürlich im originalen Griechisch, und manchmal kam Martin Buber von Heppenheim herüberspaziert und erzählte chassidische Legenden oder philosophierte einfach so mit Paulus und dem Völkchen herum, so erzählte es mein Vater, und es schien mir immer, dass diese in Wirklichkeit so kurze Zeit im Raum seines Leben einen viel größeren Platz einnahm, weil er so viel und so oft davon sprach.

Seine erste Frau, Ruth, hatte Georg in der Odenwaldschule kennengelernt, obwohl er sich zuerst in Irmgard verliebte, bei einer der legendären Pfingstwanderungen, die zum Ritual der Odenwaldschule gehörten. Während sie unter freiem Himmel schliefen und die Sterne beobachteten, hielt er Irmgards Hand, und es begann eine heftige Liebesgeschichte, die nicht nur nicht platonisch blieb, sondern sich zu einem Liebesdrama ausweitete, das sogar an der ansonsten aller Biederkeit abgewandten Schule für Aufregung sorgte und einen längeren Briefwechsel zwischen Georgs Vater und Paul Geheeb nach sich zog. Irmgard lebte später in Prag, und Georg hat sie dort, ich glaube, in den siebziger Jahren, sogar einmal besucht, jedenfalls war es in der Zeit nach dem Bruch mit der Schauspielerin, als er zum allerletzten Mal verheiratet war. Er erzählte mir von dieser schwärmerischen, aber auch abenteuerlichen ersten Liebe, weil ich mich nämlich gerade auch einer, wie er meinte, viel zu romantischen, schwärmerischen Liebe hingab und er seine Tochter davor warnen wollte, sich ganz darin zu verlieren, wie ihm das damals zum ersten und nicht zum letzten Mal geschehen war. In Wirklichkeit aber mochte er es einfach nicht, dass sich seine Tochter anderen Männern als ihm zuwandte, denn seine Tochter war doch ein Teil von ihm, so wie sein Bein oder sein Arm, die man ihm auch nicht einfach ausreißen konnte, oder sogar so etwas wie seine Verdoppelung, vielleicht wie sein Bruder, den er, als sie beide noch so jung waren, so plötzlich verloren hatte. Er sagte manchmal zu mir, »wir – wir Männer«, wenn wir etwas zusammen unternahmen, zum Beispiel eine Fahrradtour, »das machen wir unter Männern«, dabei war ich wirklich alles andere als ein *garçon manqué*, also irgendwie burschenhaft, nein, ich war ein ganz normales Mädchen, das leidenschaftlich zum Ballett ging und von einer Karriere als Balletttänzerin träumte, aber mein Vater nahm mich oft für einen Mann, einen Bruder, einen Kumpel und Gefährten, mit dem er durch dick und dünn gehen kann und der ihn vielleicht auch ein bisschen beschützt vor dem Leben, in dem ihm so vieles zerbrach, Lieben und Ehen und der Familienzusammenhalt und Tradition und Religion und Zugehörigkeiten jeder Art.

Ruth, die statt Irmgard dann Georgs erste Frau wurde, war von ihren Eltern aus Frankfurt am Main nach dem Ende des Ersten Weltkriegs, also zur gleichen Zeit wie Georg, auf die Odenwaldschule geschickt worden, und sie korrespondierte noch mit Paulus, als sie in den dreißiger Jahren mit Georg schon in London lebte und Paulus in die Schweiz ausgewandert war, sie wollte ihn besuchen. »Liebster Paulus«, redete sie ihn an, ich weiß nicht, ob der Besuch zustande gekommen ist; »Deine Ruth« hat sie unterschrieben.

Inzwischen war nämlich viel geschehen, einen Großherzog von Hessen-Darmstadt gab es schon lange nicht mehr, oder jedenfalls keinen herrschenden. Am 7. Mai 1933 hatte die SA auf dem Platz vor dem Goethehaus der Odenwaldschule, nachdem sie herumrandaliert und die Schulbibliothek geplündert hatte, einen Scheiterhaufen errichtet, auf dem sie eine erste Bücherverbrennung veranstaltete, drei Tage vor der reichsweiten Bücherverbrennung am 10. Mai. Obwohl Paulus sich lange geweigert hat, die Realität anzuerkennen – »Die

Nazis, bei uns in Hessen?« soll er gesagt haben –, wählte er dann wenige Monate nach der Bücherverbrennung in seiner Odenwaldschule der Freiheit und Weisheit, aber sicher auch seiner jüdischen Frau Edith Cassirer wegen das Exil und zog mit einigen Lehrern und wenigen Schülern in die Schweiz, gründete eine neue Schule, die er École d'Humanité nannte und mit der er erst jahrelang herumziehen musste, bevor er einen festen Platz für sie im Berner Oberland fand, wo sie heute noch existiert. Bis zu seinem Tode im Jahr 1961 ist er nie wieder nach Deutschland zurückgekehrt und hat die Odenwaldschule in Ober-Hambach nie wieder betreten, die nach dem Krieg von einer aus der englischen Emigration zurückgekehrten ehemaligen Lehrerin am alten Ort dennoch wiedereröffnet wurde. In seinem Testament allerdings bestimmte Paulus, dass das Archiv der Schule, in dem sich z.B. auch Ruths und Georg Gabriels Briefe befinden, wieder an den alten Ort zurückkehren sollte, mit dem er sich ansonsten nicht aussöhnen konnte und wollte. Aufzeichnungen, Chroniken und Papiere kennen keine Beleidigung – der Mensch Paulus aber konnte nicht verzeihen. Vielleicht gerade weil er kein Jude war, lehnte er das ab, im Gegensatz zu Martin Buber, seinem Nachbarn aus Heppenheim, der nach der Nazizeit und dem Krieg zwar auch nie wieder nach Heppenheim, aber doch häufig nach Deutschland zurückkehrte und sich der Hoffnung auf eine Wiederannäherung von Juden und Deutschen und die Aufklärung überhaupt hingab, einer Hoffnung, die Paulus offensichtlich längst begraben hatte.

Bevor die neue große Karriere der Schauspielerin begann, hatte sie hauptsächlich am »Deutschen Theater« an fast jedem Abend der Woche eine ihrer Rollen gespielt, die Regan im »König Lear« von Shakespeare, die Eboli im »Don Carlos« von Schiller, die Marie in »Woyzeck« von Büchner und eine von den Madams in »Einen Jux will er sich machen« von Nestroy. Dass in dem Berliner Theater regelmäßig Stücke des Wiener Volkstheaters gespielt wurden, hing damit zusammen, dass die »Scala« aus Wien, eine Theatertruppe ehemaliger, meist kommunistischer Emigranten, die dort irgendwann in den fünfziger Jahren nicht mehr subventioniert wurde, in Berlin Asyl gefunden hatte, im Ostteil, in dem ja schon andere ehemalige Emigranten an den Theatern auf eine neue Epoche für ihr Werk und für ihre Arbeit hofften und darüber hinaus überhaupt auf einen großen Wechsel der Zeiten, Brecht und die Weigel und viele andere. Die Schauspielerin schummelte sich mit hessischem Charme als einzige Nicht-Wienerin durch den Nestroy, von dem nun jedes Jahr ein Stück gespielt wurde, »Einen Jux will er sich machen« und »Lumpacivagabundus«, in dessen Hauptdarsteller ich mich unsterblich verliebte. Ich war ungefähr zehn Jahre alt und hatte die feste Absicht, ihn später zu heiraten. Wir sahen die Aufführungen, in denen die Schauspielerin auftrat, an jedem Abend des Wochenendes an, das ich ja bei ihnen verbrachte, und wie oft haben wir sie hinterher in der Garderobe abgeholt und zugesehen, wie sie da plötzlich allein vor dem Spiegel saß, nachdem ihr doch gerade so viele Leute zugeschaut hatten, und sich abschminkte, das Kostüm ablegte, die Kleider wechselte. Und danach saßen wir meistens noch eine Weile mit ihr und den Schauspielerkollegen in der Kantine, und da nutzte ich auch gleich die Gelegenheit, dem Hauptdarsteller aus dem Stück »Einen Jux will er sich machen« meine Heiratsabsichten zu erklären, er schenkte mir dafür ein großes liebevolles Lachen; mein Vater aber muss sich dort wohl immer etwas fremd gefühlt haben, denn er war kein Theatermensch, sondern ein Pressemensch, wie er sagte.

Oft endeten die Abende im Künstlerclub »Die Möwe«, der wie ein richtiger Club nicht öffentlich und dessen Präsident Wolfgang Langhoff der Intendant des Deutschen Theaters war, Theater-, Presse- und sonstige Kulturmenschen hatten dort exklusiv Zugang. Das alte, zufällig von den Bomben des Kriegsendes nicht zerstörte Stadtpalais mitten in der Stadt, mit holzgetäfelten Sälen und samtbezogenen Möbeln, war von den Russen gleich nach dem Krieg als Künstlerclub den Theatermenschen gewidmet worden, von denen viele, wenn nicht überhaupt die meisten, ehemalige Verfolgte der Nazis waren, Überlebende oder aus der Emigration zurückgekehrt, Brecht und die Weigel, Langhoff, Eisler und Ernst Busch und die Truppe von der Scala; ein geschützter Ort, an dem sie sich kurz nach dem Krieg in einer Art Parallelwelt treffen konnten, wo das »andere Deutschland« verkehrte, das sie jenseits der Mauern des alten Stadtpalais nicht so leicht finden konnten.

Später trat die Schauspielerin auch in dem sowjetischen Revolutionsstück »Sturm« von Wladimir Bill-Bjelozerkowski auf, der legendäre Ernst Busch spielte einen Bolschewiken, und sie spielte eine Kleinbürgerin, die keinen Namen trug, aber dann natürlich von dem Bolschewiken auf die Seite der Revolution herübergezogen wird. Regie führte Wolfgang Langhoff, der einst das Lied von den »Moorsoldaten« gedichtet hatte, zu dem Hanns Eisler dann eine neue Musik für Ernst Busch schrieb, und es war zu dieser Zeit, dass Eisler anfing, auch für die Schauspielerin Songs, meist nach Texten von Brecht, zu schreiben und sie mit ihr einzustudieren; damit begann ihre Karriere und ihr Weg zum Ruhm, den mein Vater und ich nur fassungslos beobachten, aber nicht begleiten konnten. Zunächst trat sie bei einer Brecht-Matinee mit Ernst Busch auf, dann alleine mit Brecht-Liedern; bald nahm Hanns Eisler mit ihr die erste Schallplatte auf, und schließlich fuhr sie zu Konzerten ins Ausland, auch in den Westen, zuerst nach Italien. Sie brachte uns Geschenke aus dem Westen mit, italienische Schuhe zum Beispiel aus Mailand, aber mein Vater bekam mit den zahlreichen Geschenken auch die Nachricht von Ehebruch und Affären. Wahrscheinlich wusste er auch nicht, was das ist, eine Schauspielerin, wie sehr sie sich immer zur Schau stellen will und zur Schau stellen muss, andauernd Beifall erstrebt und erwartet und wie unwirklich und flach dann das echte Leben im Verhältnis zur Tiefe der Bühne erscheint und die Maske zum Gesicht wird.

In der »Möwe« feierten mein Vater und die Schauspielerin auch jedes Jahr Silvester. Vorher, während die Schauspielerin noch auf der Bühne die Silvester-Vorstellung spielte, bei der sich, wie sie erzählte, die Schauspieler gegenseitig durch Extemporieren zum Lachen und aus der Rolle zu bringen suchten, hatten mein Vater und ich im Hugenottenviertel schon eine Vorsilvester-Party gefeiert, wir brauten uns einen Ananas-Punsch, brannten in der Wohnung Wunderkerzen ab, warfen Knallerbsen auf die Straße und zogen dann zum Theater, wo wir in der kleinen Grünanlage davor bengalische Feuer und Silberregen entzündeten und auf das Ende der Vorstellung warteten. Danach kehrten wir mit der Schauspielerin in die Wohnung im Hugenottenviertel zurück, während sie sich noch eine Gesichtsmaske auflegte, brachte mich mein Vater ins Bett, und wenn sie dann in die »Möwe« aufbrachen, rief ich ihnen aus dem Fenster noch ein »Prost Neujahr« hinterher.

Georg hat in verschiedenen Städten studiert, in Breslau und Berlin, Prag und Gießen, und dort, in der Stadt und an der Universität, an der sein Vater Professor war, promovierte er über »Die sozialen und politischen Ideen im Weltbild Georg Büchners« und Ruth über »Mörikes Maler Nolten«. Georg und Ruth waren zwar ein Paar, haben aber erst viel später geheiratet und lebten nach seinen Erzählungen ein Bohème-Leben, ein Leben der wilden zwanziger Jahre in Künstlerkreisen und freier Ehe. Ein Jahr nachdem Ruth und Georg in Gießen promoviert hatten, starb sein Vater, der Medizin-Reformer, ich weiß nicht, ob Vater und Sohn noch in irgendeiner Nähe zueinander, außer der geographischen, gelebt haben, davon hat mein Vater nichts gesagt, er hat ja so wenig von ihm gesprochen, und den Ort, an dem Georg Gabriel begraben ist, hat er auch nie erwähnt. Seine Erinnerungen an die Familie endeten mit dem Tod seiner Mutter in der Rheinstraße 49 in Wiesbaden, danach kam »Dammschtadd« bei der Großmutter Anna, und danach kam schon die Odenwaldschule. Das trug alles zu meinem Eindruck bei, dass er seinen Vater nicht gemocht hat und sich vielleicht nur in der Rolle des eingebildeten Arztes als sein Sohn fühlen konnte.

Ruth kam aus einer gutbürgerlichen Frankfurter Familie, und mein Vater behauptete immer, sie sei sephardischer Herkunft, aber er behauptete gerne ganz unsichere Tatsachen im Ton fester Überzeugung, so wie er auch behauptete, dass Ruths Mann, mit dem sie später, nach ihrer Trennung, und für den Rest ihres Lebens zusammenlebte, ein »stadtbekannter Schwuler aus Frankfurt« gewesen sei, genau wie der Maskenbildner, mit dem die Schauspielerin ihn viel später betrügen würde. Ruths »sephardische Herkunft« leitete er von ihrem Aussehen ab, schwankte aber zwischen »sephardischem« und einfach »orientalischem« Typ. Zu diesem rechnete er auch sich selbst und auch mich und überhaupt alle deutschen Juden, die nämlich, so seine Theorie, seit der Antike, zunächst den Römern folgend, dann im ganzen Heiligen Römischen Reich Deutscher Nation siedelnd, nie sehr zahlreich geworden seien und aus inneren und äußeren Gründen mehr oder weniger untereinander geheiratet hätten, so dass sie dem mediterranen Ursprungstyp weiterhin ähnelten. Er selbst musste sich immer wieder erklären, aus welcher Gegend am Mittelmeer er denn käme, und er sagte dann gern: aus Alexandria. Ruths Schwester heiratete zu der Zeit, als Georg und Ruth in Düsseldorfer und später in Berliner Künstlerkreisen lebten, in eine der jüdischen Baron-von-Hirsch-Familien ein, die zu Anfang des 19. Jahrhunderts geadelt worden waren, und Georg machte sich zwar immer lustig über seine Schwägerin, die sich in seinen Augen nun so affig adelig aufführte, aber das hinderte ihn nicht, gleichzeitig als ihr Finanzberater zu fungieren, wie er nie ohne Stolz erzählte, denn neben Philosophie und Germanistik hatte er auch politische Ökonomie studiert und sich zuerst noch in Deutschland und später in England immer an der Börse ein »Taschengeld«, wie er es nannte, erspekuliert. »Erzähl weiter, Pappi« – er war nämlich immer guter Laune, wenn er davon sprach, als berichte er von sportlichen Erfolgen, damals war er ja noch sehr weit davon entfernt, Kommunist zu sein und solche »Sportarten« zu verachten.

Georg wählte nach dem Studium nicht den akademischen Weg, wie sein Vater und sein Großvater, sondern begann sein Leben als Journalist. Er fand zunächst eine Stelle bei der *Vossischen Zeitung* aus dem Ullstein Verlag, zuerst als Unterkorrespondent im heimatlichen Hessen, im zweiten Jahr als Redaktionsassistent und schließlich als Redakteur in Düsseldorf. Dort fanden Georg und Ruth bald ihre Freunde in den Künstlerkreisen der Rheinischen Sezession, die sich um die legendäre Mutter Ey scharte. Mutter Ey hatte ursprünglich nur eine Bäckerei neben der Akademie der Künste, in der sich die angehenden Künstler Kuchen oder belegte Brötchen holten, und dann saßen sie noch bei ihr herum, denn Mutter Ey kochte auch Kaffee dazu und nahm Bilder in Zahlung, so viele, dass sie bald eine Galerie eröffnen konnte, und so wurde aus der Wirtin eine Muse und Galeristin und die viel portraitierte Frau all der Künstler, darunter Max Ernst, der sie auch bedichtete: »grosses ey wir loben dich, ey wir preisen deine staerke, vor dir neigt das rheinland sich und kauft gern und billig deine werke!« Mit einem der Künstler waren Georg und Ruth enger befreundet, und noch in der späten Lebenszeit meines Vaters tauchten Bilder von Robert Pudlich bei ihm auf, kleine Formate, vielleicht von seiner Witwe geschickt, und es gibt auch ein Foto, auf dem man Georg in Pudlichs Atelier sieht, »Porträt eines jungen Mannes als Künstlerfreund«, zwischen bemalten und unbemalten, gestapelten und gestellten Leinwänden und der Rückenansicht einer Skulptur in einem Liegestuhl liegend, in sich hineinlächelnd.

Es gab also dieses Künstler-Kapitel, die Bohème-Zeit meines Vaters, sie gefiel mir, wenn er davon erzählte, er hätte ruhig mehr davon erzählen können, fand ich immer. Aber es folgten dann eben noch so viele andere Kapitel, in anderen Ländern und Städten und mit anderen Frauen, und der Krieg und der »Blitz«.

Es fällt mir schwer, mir die jungen Jahre meines Vaters vorzustellen, es ist eigentlich ganz unmöglich, denn da war er ja noch nicht mein Vater, sondern ein junger Mann in einem entfernten Leben in einer lange vergangenen Zeit. Die Erinnerungen, die ich an ihn habe und in denen er mit mir weiterlebt, stammen aus einer anderen, viel späteren Zeit, als er schon fünfzig Jahre alt und dann immer älter war. Aber auch die Erzählungen, die Sagen seines Lebens, über deren Wahrheit ich natürlich gar nichts weiß, haben sich in meine Erinnerungen an ihn verwoben.

Und wenn ich mir auch sein Bohème-Leben im Düsseldorfer Kreis um die Mutter Ey in wilder Ehe mit seiner jungen Frau nicht wirklich vorstellen kann, so kann ich doch bezeugen, dass mein Vater seinen bohèmehaften Charakter nie abgelegt hat, jedenfalls wenn man diesen Charakter nicht als »unordentlich«, sondern als »ungebunden« versteht. Deshalb passte ja auch die spätere Zugehörigkeit zur Kommunistischen Partei nie richtig zu ihm, überhaupt das Engagierte und Festgelegte. Ruth wäre wohl und ist nie Kommunistin geworden, aber sie hat auch nach der Scheidung von Georg nicht noch dreimal geheiratet, sondern hat in der Ehe mit ihrem zweiten Mann und in ihrem Beruf einen Halt gefunden und mit Paulus Geheeb, dem verehrten Lehrer, noch bis zu dessen Tod weiter korrespondiert, Geheeb, von dem mein Vater zwar auch immer viel sprach, zu dem er aber nie wieder irgendeinen Kontakt aufnahm, genauso wenig wie zu den nach dem Krieg in alle Welt verstreuten Verwandten, denen aus Breslau und denen aus »Dammschtadd«.

»Heirate oder heirate nie, du wirst beides bereuen«, zitierte Georg immer die geliebte Großmutter und schrieb ihr diese Weisheit zu, obwohl sie von Kierkegaard stammt, jedenfalls bekannte er sich zu dieser Erkenntnis und heiratete immer neu, und immer wieder gelang ihm die Ehe nicht. Und nie hat er eigentlich auch etwas besessen, er zog immer nur mit dem, was er gerade auf dem Leib trug, von einer Ehe in die andere, wohnte in den Wohnungen der jeweiligen Frau, zwischen ihrem Mobiliar, mit ihren Büchern und verkehrte mit ihren Freunden, denn eigene Freunde hatte er nicht. Sein einziger bürgerlicher Luxus waren maßgeschneiderte Anzüge, ich begleitete ihn manchmal zur Anprobe beim Schneider, der ihn mit Komplimenten über seine gute Figur überhäufte, aber auch die Anzüge blieben dann in den Kleiderschränken der Frauen hängen, wenn er wieder auszog. In seinen Brief aus der Kur in Bad Elster, während der Trennungszeit von der Schauspielerin, hatte er auch ein hohes Lied auf diese Besitzlosigkeit eingestreut: »Ich möchte ein Loblied auf meine Wanderschuhe einflechten, die mir 1948 Genossen aus der ehemaligen Bata-Fabrik in Zlín, jetzt Gottwaldow, schenkten, und die mich bis jetzt 17 Jahre ›treu und ohne Fehl‹ über Stock und Stein getragen haben. Sie sind eigentlich mein einziges irdisches Gut, an dem mein Herz hängt, und glücklicherweise besitze ich ja auch nicht viel mehr.«

Die Besitzlosigkeit war jedoch keine Armut, Georg war sein ganzes Leben weder arm noch reich, er konnte zu allen Zeiten sein Leben ordentlich verdienen und durch kleine Spekulationen an der Börse sogar noch ein Taschengeld dazu, ohne aber der Sucht nach dem Risiko zu verfallen. Er war auch keineswegs ein Asket, denn er schätzte gutes Essen und guten Wein, einen gutsitzenden Anzug und ein schnelles Auto. Aber auch das musste er nicht unbedingt haben, nichts musste er unbedingt haben. Es war furchtbar für mich und beängstigend, ihn in dem möblierten Zimmer in Hirschgarten weinen zu sehen, denn ich wusste, es war nicht die Kargheit des Wohnens, der er sich da ausgesetzt hatte, was ihn zum Weinen brachte. Seine Besitzlosigkeit war eben auch das Leben in immer nur provisorischen Bindungen, ohne Sicherheit und ohne Halt. Und nur der Besitz an seinen beiden Töchtern, der ersten, die er Anna nannte, und der zweiten, der Tochter seines Alters, die er auch Anna nannte, zählte für ihn wohl mehr, er band sie fest an sich, damit sie ihm ja nicht verlorengingen, und hielt immer zu ihnen – dasselbe aber erwartete er natürlich auch von ihnen, dass sie immer zu ihm hielten, »treu und ohne Fehl«.

In Breslau, wo er 1926 zwei Semester studierte, nannten sie Georg »Schorschel«, denn Breslau war die Heimatstadt seines Vaters, dort lebten dessen Brüder und eine Schwester und deren Kinder, also Georgs Onkel und Tante und Vettern und Cousinen, und da nannte man ihn eben mit diesem kindlichen Kosenamen, Schorschel. Gerade in diesem Jahr tauchten dazu noch Vettern aus Amerika dort auf, Söhne von Abraham und Pauline, den Geschwistern des Großvaters David, die schon Ende des 19. Jahrhunderts aus Breslau nach Amerika ausgewandert waren und nun auf irgendeiner Geschäftsreise auf dem alten Kontinent die dort zurückgebliebene Familie besuchten. Sie erzählten von ihrem amerikanischen Leben und wie erfolgreich sie dort waren, sie wohnten in New Jersey in einer deutsch-jüdischen *neighbourhood*, wie sie sagten, und es sei ja ein ganz anderes Leben in Amerika, sie schwärmten von ihrer neuen Heimat, erinnerte sich mein Vater. Vielleicht haben diese Erzählungen damals seine Liebe zu Amerika, die sein Leben lang anhielt, und sein Interesse für die Geschichte dieses Landes und seine fortgeschrittene Technik entfacht, deren Symbol das Auto war. Der amerikanische Bürgerkrieg war überhaupt sein Lieblingsthema, über das er immer wieder Bücher las, von denen er mir dann eines, »The Copperheads«, dringend zu lesen empfahl, denn eine Übersetzung des Buches, der Autor war ein amerikanischer Kommunist, erschien auch in der DDR, er nannte das Buch aber immer nur bei seinem englischen Originaltitel. Vielleicht interessierte sich Georg auch für diesen Konflikt, weil es ein Konflikt war, der fern von ihm lag und in den er nicht verwickelt war. Denn gerade in Breslau, der Heimatstadt seiner väterlichen Familie, mitten unter den wohletablierten Onkeln und Vettern und Cousinen, die sich, ununterscheidbar von ihren christlichen Nachbarn und Geschäftspartnern, als Deutsche und als Breslauer fühlten und zum gehobenen Bürgertum dieser Stadt zählten, musste er sein eigenes Dilemma besonders deutlich spüren. Eine seiner Cousinen erzählte ihm viel später, als sie sich nämlich 1938 in London wiedertrafen, während sie für sich und ihre kleine Tochter, ihr Mann war ein Jahr zuvor, noch ganz jung, in Breslau gestorben, auf ein Einreisevisum nach Amerika wartete, sie habe als Kind jeden Tag fünf Gebete, zwei christliche und drei jüdische, gebetet, aber leider ohne jeden Erfolg, wie sie nun konstatieren musste.

Der Großvater David habe »uns eine miese Erbschaft hinterlassen«, schrieb mir mein Vater einmal und kam darauf noch oft zurück. Die »miese Erbschaft« bestünde darin, dass er, der Vater und Großvater aller dieser Onkel, Vettern und Cousinen, mit den Traditionen und Konventionen seiner Herkunft aus dem orthodoxen Judentum und dem talmudischen Studium gebrochen und sich mit naiver Gläubigkeit einer aufklärerischen Richtung verschrieben habe, nur um dann »wie wir alle«, und mit »alle« meinte er vor allem sich selbst, zwischen den Stühlen zu landen. Sein Großvater hatte sich als Reformer des Judentums gesehen, aber die Reform führte schon bei der nächsten Generation nur zu einer spirituellen inneren Leere und Entfernung und schließlich zum Abfall vom Judentum. So sagte es mein Vater, denn so hatte er es ja selbst am eigenen Leib erfahren, und als er es mir später noch einmal so ähnlich schrieb, fügte er noch hinzu, »manchmal denke ich, es wäre besser, wenn wir überhaupt ganz dumpf und stumpf dahinlebten, denn dann würden wir wahrscheinlich an all den Widersprüchen und Ungereimtheiten unseres Lebens nicht so leiden«. Als er mir das schrieb, lebte er schon ziemlich lange in der DDR und war inzwischen nicht nur seiner Herkunft, sondern auch schon seinem kommunistischen Bekenntnis entrückt oder wurde sich dieser vielfachen Entfremdung immer deutlicher bewusst und sagte sich von dem Erbe seines Großvaters, wenn es auch mies war, doch nicht los, sondern nahm es schließlich an und erlitt diesen Zustand resigniert – das Zwischen-den-Stühlen-Sitzen. Als er wohl intensiver darüber nachdachte, spät in seinem Leben, während seiner letzten Ehe und zurückgezogen in die Provinz, tauchte er noch einmal in dieses Breslauer Universum ein, forschte dem Großvater nach, suchte heraus und fotokopierte, was in der DDR kein leichtes Unterfangen war, nicht alle, aber etliche von den sehr zahlreichen Artikeln, die sein Großvater in der *Breslauer Zeitung* veröffentlicht hatte, darunter viele Rezensionen, meist zu jüdischen Themen. Außerdem hatte der Großvater einen Aufsatz über »Die Deutsche Belletristik als Vorkämpferin für die Emanzipation der Juden« geschrieben, einen Bericht über die Israelitische Synode 1869, die Juden waren nämlich inzwischen zu »Israeliten« geworden, und eine Reihe von Romanen geschrieben; alle diese Veröffentlichungen bibliographierte Georg und kopierte sie teilweise in einem nachgetragenen Interesse, das er damals als Student in Breslau wohl noch nicht aufgebracht hatte. Von seinem Vater hatte er zudem Abschriften von Aufzeichnungen geerbt, die der Großvater »Erinnerungen aus einem Knabenleben vor fünfzig Jahren« und »Aufzeichnungen aus meinen Studienjahren 1841–1845« betitelt hatte, und diese Aufzeichnungen trug er durch alle Lebensepochen, Ehen, Länder, Wohnungen, hat sie mit den Bata-Wanderschuhen als einzigen Besitz bewahrt und mir später, mit Kommentaren und Notaten versehen, übergeben. In diesen Schriften, die er gegen Ende seines Lebens veröffentlicht hat, beschrieb der Großvater den beschwerlichen und von seinem Enkel Georg als miese Erbschaft empfundenen »Weg ins Freie«. Wie er erst nach seinem dreizehnten Lebensjahr, in den dreißiger Jahren des 19. Jahrhunderts, die hochdeutsche Sprache erlernte, »ihre Kraft und Majestät, Lieblichkeit und Innigkeit« erfuhr und in dieser Sprache dann nicht nur als Jurist für die vollständige Emanzipation der Juden in Preußen stritt, er nannte es »einen Guerillakampf«, sondern auch zum Schriftsteller wurde und darüber hinaus die Reform des traditionellen Judentums anstrebte, das ihm unzeitgemäß erschien.

Seine Söhne jedoch interessierten sich schon gar nicht mehr für diese Reformen und ließen das Judentum ohne Wehmut hinter sich, wurden Ärzte und Rechtsanwälte und traten, wenn auch nicht immer ohne Stolpern, in die deutsche Kultur und in die besseren Kreise des Breslauer Bildungsbürgertums ein. Der »Schorschel« fiel während der zwei Semester bei seiner Familie mit seiner bohèmehaften Art etwas aus dem Rahmen, »wie er sich anzog, wie er sprach, wie er sich in unseren Augen immer ziemlich danebenbenahm, und überhaupt seine Reden und was man von ihm und seiner Freundin hörte, er hatte sich nicht einmal mit ihr verlobt, wir waren entsetzt«, hat mir viel später seine Cousine, die, die immer ihre fünf christlichen und jüdischen Gebete gebetet und Georg 1938 in London wiedergetroffen hatte, in New York erzählt, als ich sie nach Georgs Tod dort besuchte. »Wir waren ja so schrecklich bürgerlich, angepasste brave Streber, so stolz auf die gesellschaftlichen Erfolge unserer Familie; einer unserer Cousins wurde Direktor der Odol-Werke und der andere Direktor des Breslauer Zoos, und am Wochenende saßen wir alle in der Oper oder im Theater und waren einfach sehr, sehr konservativ.«

Der ganze konservative Familienclan, all diese Vettern und Cousinen, Hans und Franz, Ernst, Emil, Hedwig und Antonia, fanden sich nicht sehr viele Jahre später, wenn sie es überhaupt noch schafften, im Exil in England wieder oder auf der Weiterfahrt nach Amerika oder noch auf der Suche nach irgendeinem Ort auf der Welt, der sie aufnehmen würde. Von der älteren Generation, gerade der ersten, deren Angehörige sich nun als echte Deutsche fühlten und es auch waren, denn durch Heirat, Taufe und einfach durch Assimilation waren sie ja ihrem Judentum entfremdet und kannten außer der deutschen Kultur keine andere – gerade von ihnen schafften es jedoch viele nicht mehr, aus ihrer deutschen Heimat zu entkommen, sie ließen ihren Kindern den Vortritt, denn Ausreisemöglichkeiten, Visa und Affidavits für alle konnten sie nicht erlangen, und so wurden sie siebzig- und achtzigjährig schließlich aus ihren Bürgerhäusern und Villen herausgeholt und nach Theresienstadt deportiert, und dort starben sie, und keiner ihrer Nachbarn aus der Straße oder aus dem Opernparkett hat etwas getan, um es zu verhindern.

Georgs Vettern und Cousinen haben dann wie einst Abraham und Pauline in Amerika oder England ein neues Leben aufgebaut, und die meisten von ihnen haben wie Paulus Geheeb Deutschland wie ein verbotenes Land nie mehr betreten und ihren Kindern sogar die deutsche Sprache verwehrt.

Einzig der »Schorschel« war nach dem Krieg nicht nur nach Deutschland zurückgekehrt, sondern hatte sich sogar hinter den Eisernen Vorhang, in die russische Besatzungszone begeben, um dort zu leben und zu arbeiten, und wieder mit einer neuen Frau, die sie nicht kannten, und so galt er den Vettern und Cousinen fortan als der Verschollene. Und dabei war das wirklich das Allerletzte, was sie dem Bohemien der zwanziger Jahre zugetraut hätten – dass er ausgerechnet Kommunist werden würde.

Und doch ist es so gekommen, aus dem Bohemien war ein Kommunist geworden. Georg selbst konnte den Zeitpunkt und den Ort genau bestimmen, an dem es geschehen war: während seiner zweiten Ehe, der mit meiner Mutter in London, und dann im Internierungslager in Kanada 1940, wohin die Engländer die *enemy aliens* verschifften.

Aber vielleicht war es für Georg ja in diesem Moment seines Lebens, im Lichte der »miesen Erbschaft« des Großvaters, eine konsequente, befreiende Lösung, aus der von ihm als so bedrückend empfundenen Position des Zwiespalts, des ewigen Zwischen-den-Stühlen-Sitzens, auf der Suche nach Halt und Eindeutigkeit nun einfach auf einem der Stühle Platz zu nehmen, auf diesem und keinem anderen.

Zu einem echten Bohemien gehörten natürlich auch Paris-Aufenthalte. Nachdem Georg schließlich Leiter des Düsseldorfer Büros der *Vossischen Zeitung* geworden war, lag Paris ja geradezu am Weg, nur ein Sprung weit über den Rhein hinüber, Französisch parlieren hatte er auf der Odenwaldschule auch gelernt. Ein Manuskript von ihm aus dieser Zeit, drei maschinengeschriebene, mit »Apachen« betitelte Blätter einer Pariser Skizze, sind zusammen mit den Aufzeichnungen des Großvaters aus Breslau in meinen Besitz gelangt, ich erinnere mich nicht einmal mehr, wie, ich glaube, Georg hatte sie mir einmal einfach in einen Brief gelegt.

Mit meinem Freund, dem Dänen, gehen wir bummeln. Er ist eine angenehme Begleitung, immer ist er ein bisschen sentimental und singt und sieht aus, als wäre er gerade von seinem Fischkutter gestiegen, immer stopplig im Gesicht, auch wenn er fesch angezogen ist. Mit ihm kann man beruhigt in die Keller steigen, wenn er seine fünf Sous auf den Teller legt, wird er freundlich angesehen, so einen sieht man nicht alle Tage.

Diesen Abend habe ich den Mund etwas vollgenommen, ich will ihm ein Stückchen Paris zeigen, das er noch nicht kennt, wo das ist, habe ich keine Ahnung, aber ich vertraue auf meine lange Nase.

Metro bis »Bastille«, gleich dahinter Rue de la Roquette, dunkel und schmutzig, eine Menge Polizisten. Ich fange zu pfeifen an, na, sonst, Kay, ist hier anderer Betrieb, ich weiß nicht, was heute los ist, siehst ja die Schutzleute! »Wird schon kommen«, meint Kay, und »stinken tuts auch ganz behaglich«. Die erste Querstraße ist Rue de Lappe. Eingebogen. Ein schmales Gässchen, vielleicht 200 m lang. Das Licht wackelt aus den Buden auf die Straße, sehr belebt ist es, Kinder, Mädchen, Burschen – ob das nun die Apachen sind? Eigentlich sind eine Masse Soldaten hier, und da kommen schon drei auf uns zu, hübsche Kerle, stramm, stark, südliche Gesichter: »Seid ihr Spanier?« – zu uns, »Kommt einen trinken!« Sie haben uns eingehakt und wir gehen ans Ende der Gasse, in das allerletzte Loch. »Keine Fremden, versteht ihr!« Das haben wir ohne weiteres verstanden.

Also wirklich, so was gibt's doch, dass man pfeift, wenn man ein Mädchen zum Tanzen haben will, und dann legt man die eine Hand auf den Hintern, aber nicht so sanft, ganz richtig, und die andere um den Hals. Wenns fertig wird, wird sie stehen gelassen. Aber hier tanzen meist Mädchen mit Mädchen und Burschen mit Burschen. Der Neger sieht aus wie der leibhaftige bauchaufschlitzende Jack. Aber wie ihm eben einer Absinth-Ersatz von hinten in den Rock gießt, lacht er, dass die Gläser schaukeln. Das beruhigt mich sehr. Ob ich nicht mit einem der Soldaten tanzen will? Nein. Ach, du hast kein Geld, willst du einen Franken? Da tanzen wir einmal. Das geht verflucht fix, so wie Schlittschuhlaufen. Aber wir gehen. Auf der Straße erzählt Kay, die beiden anderen haben ihn eingeladen für die Nacht. Kay verspricht fest nächsten Donnerstag, aber die beiden anderen blinzeln mit den Augenlidern, wir wissen schon, dein Freund erlaubts nicht. Aber wie diskret sie das gesagt haben, erzählt Kay.

Und jetzt gehen wir noch in ein anderes, wo die Musik auf einem Balkon sitzt, und die Tische und Bänke wie in einem Speisewagen. So schrecklich feine ists hier auch nicht, ein bisschen normaler. Die Burschen haben die Mützen auf dem Kopf und große Schals, das ist nicht anders als im Kino. Aber wenn einer so in großem Bogen in die Ecke spuckt, so richtig mit bscht – das ist einzig. Die Musik ist hübsch, Ziehharmonika und Gitarren, ein Mordskrach, verflucht im Takt, und die Tanzenden einmal aus den Hüften im Schwung und dann mit krummen Knien ein großes Stück gerutscht. Es sieht leicht und graziös aus, jedes Mädchen lacht, alle sind lustig, natürlich tanzen wir auch, weil ichs noch nicht richtig verstehe, setze ich meinen Hut verkehrt auf, das genügt vollständig. Und Kay pfeift zum Tanzen genau doppelt so laut wie die Musik, recht falsch, aber es gefällt sehr. Punkt halb eins ist Schluss.

Es war wie eine Kindergesellschaft, wir haben glühende Backen und gähnen. Am Ende der Gasse steht eine Kette Polizisten: Passkontrolle, Durchsuchung nach Waffen. Mein Füllfederhalter wird lange misstrauisch befühlt, solange, dass hinter uns einer durchwitscht. Es hat niemand sehen können, so schnell. Ob das nun »Apachen« waren? Ich war gebläht vor Stolz, dass ich mit meiner großen Nase wirklich ein Gässchen gerochen hatte, das keiner von uns kannte.

Ich weiß nicht, ob diese Skizze je im Feuilleton der *Vossischen Zeitung* erschienen ist und ob es noch mehr davon gab, vielleicht wöchentlich oder in loser Folge als eine Reihe von Pariser Eindrücken, in der *Vossischen Zeitung* oder woanders. Über die »Apachen« von Paris hatte es gerade einen Film gegeben, der in allen deutschen Kinos lief, und die Zeitungen berichteten immer wieder über diese Banden von Kleinkriminellen, die in den zwanziger Jahren Paris hinter der Bastille und in Belleville unsicher machten und sich selbst den Namen »Apachen« gegeben hatten.

Georg hat Artikel aus seinem Journalistenleben nicht gesammelt und zusammengehalten oder gar später noch einmal veröffentlicht; mir sind nur diese drei losen, maschinengeschriebenen, zerknitterten Blätter zusammenhanglos und unkommentiert hinterlassen. Nicht einmal zum Ende seines Lebens hatte er sich bemüht, Erinnerungen zusammenzutragen oder gar seine Memoiren zu schreiben. Als ob er, der Journalist, dessen Vater und Großvater so zahlreiche Schriften verfasst und veröffentlicht hatten, der Schrift nicht traute oder nicht mehr traute. Es gab nur die mündliche Überlieferung, die Erzählungen während unserer Spaziergänge oder Autofahrten, bei denen er von den Begebenheiten seines Lebens sprach und die ich durch »Erzähl weiter, Pappi« befeuerte. Das Unterwegssein und die Bewegung dabei scheinen ihm Sicherheit gegeben zu haben und Antrieb gewesen zu sein, denn selten fanden solche Gespräche etwa einander gegenüber sitzend an einem Tisch statt, sozusagen von Angesicht zu Angesicht. Das Leben meines Vaters hatte ja schon ziemlich lange gedauert, bevor ich auf die Welt kam, er war 46 Jahre alt, als ich geboren und nach seiner Großmutter Anna genannt wurde, und vor meiner Geburt in Berlin war schon viel geschehen, in Breslau, in »Dammschtadd«, in Düsseldorf und Paris, London und Kanada. Wenn er jedoch von unserer Herkunft und unserer Familie sprach, von den Weils und Onkel Max und von Hans und Franz, Ernst, Emil, Hedwig und Antonia, blieben es mehr Aufzählungen als Erzählungen, von ihren späteren Schicksalen, wer wo gelandet war, in England oder Amerika, oder von ihrem Tod in Theresienstadt erfuhr ich nur wenig, und Besuche und Wiederbegegnungen und auch Briefe zwischen den Vettern und Cousinen gab es nicht, so dass auch sie alle nur als Verschollene existierten. Die Erinnerungen seines Breslauer Großvaters aus dem 19. Jahrhundert hat er jedoch als Abschrift sein ganzes Leben lang bewahrt und als Zeugnis der »miesen Erbschaft« überliefert.

Einen einzigen leibhaftigen Verwandten allerdings gab es, der auch in meinem Leben gegenwärtig war, Andreas, ein Cousin zweiten Grades, also viel jünger als Georg, der noch in Breslau geboren war und dort seine Kindheit verbracht hatte, bevor er als Vierzehnjähriger in England landete. Zu Beginn der Nazizeit konnten seine Eltern noch eine Stelle in Barcelona finden, nach dem Franco-Putsch jedoch fühlten sie sich dort auch nicht mehr in Sicherheit und schickten deshalb ihre beiden halbwüchsigen Söhne nach London, wo sich Georg als älterer Onkel – immerhin war er mehr als doppelt so alt und hatte eine Frau, eine Arbeit und eine Wohnung – um sie kümmerte und den jüngeren der beiden Brüder, Andreas, schließlich auch zum Kommunismus hinüberzog, von dem er selbst gerade erst von seiner neuen Geliebten, die später meine Mutter wurde, überzeugt worden war. So erzählte es Andreas. Im Wohnzimmer dieses frischen Paares, mitten in London, in einem der besseren Bezirke, wurde ihm der Kommunismus offenbart, und Andreas schloss sich den beiden eng an und folgte ihnen nach dem Krieg sogar auf dem Weg zurück nach Deutschland und in den Osten, in den sowjetischen Sektor, um dort die politischen Ideen, die man sie schon in verschiedenen Lehrgängen der kommunistischen Exilpartei-Gruppe in England gelehrt hatte, nun in die Realität umzusetzen. Für diese große Aufgabe waren sie bereit, nicht nur alle ihre Energien und Fähigkeiten zur Verfügung zu stellen, sondern auch das völlige Unverständnis ihrer Familien, der ehemaligen Breslauer und »Dammschtädder«, in Kauf zu nehmen und sich fortan als »Verschollene« ansehen zu lassen. Wenn Georgs Vater das noch erlebt hätte, dass sein Sohn Kommunist geworden war!

Andreas studierte in der DDR Ökonomie und landete an der Technischen Universität Ilmenau, deren akademische Stufenleiter er bis zum Professor im Fach der Politischen Ökonomie, der marxistisch-leninistischen natürlich, erklomm. Wir besuchten ihn und seine Familie manchmal in Ilmenau, und er und seine Familie besuchten uns in Berlin.

Einer dieser Besuche in Ilmenau war auch der letzte Ausflug, den wir, mein Vater, die Schauspielerin und ich, gemeinsam in unserem Wartburg unternommen haben, zugleich war es der Tag meiner »Jugendweihe«. An diesem Wochenende im Mai, vielleicht war es auch Juni, hatte nämlich die feierliche, peinliche Prozedur stattgefunden, die in der DDR den Eintritt ins Erwachsenenalter markieren sollte und der alle Schüler unterworfen waren, eine Art sozialistische Konfirmation, von den Christen abgeguckt; dazu gehörte auch ein passender Konfirmandenunterricht, zu dem unter anderem der Besuch eines KZs, »unseres« war Buchenwald, gehörte, den die halberwachsenen Jugendweihe-Kandidaten gelangweilt und kichernd absolvierten, genau wie alle anderen Belehrungen über die Geschichte der Arbeiterbewegung oder die Geschichte der Sowjetunion, die ebenfalls Teil dieses »Konfirmandenunterrichts« waren. Am Tag der Jugendweihe sang ein Chor, es wurden Reden gehalten, wir legten einen Schwur ab, in dem wir der sozialistischen Gemeinschaft ewige Treue gelobten, bekamen das Buch »Weltall, Erde, Mensch« überreicht, und alle Konfirmanden schwitzten in ihren steif gebügelten, unbequemen Anziehsachen. In einer der vorderen Reihen saßen mein Vater und die Schauspielerin im Publikum und winkten mir auffällig zu, indem sie sogar mit den Autoschlüsseln des Wartburgs klapperten, denn sie wollten so früh wie möglich nach Ilmenau losfahren, und während die anderen Jugendgeweihten dann schon mit ihren Omas und Opas, Tanten und Onkeln an den gedeckten Tischen die Festmahlzeit einnahmen, rasten wir noch über die Autobahn, um das Wochenende bei dem einzigen im Universum sichtbaren Verwandten zu verbringen – in Ilmenau, bei Andreas, dem mein Vater einst ein Onkel gewesen war, als er seine »Jugendweihe« als Flüchtling in England erlebte. Ich spürte ihre große Vertrautheit, und ich genoss das Gefühl unserer Verwandtschaft. Georg und Andreas lachten und diskutierten viel und sprachen immer über alles Mögliche, meistens über Politik, aber nicht über die alten Zeiten und nicht über Vettern und Cousinen und schon gar nicht von Breslau. Andreas und seine Frau Liesel, die auch als jugendlicher Flüchtling aus Deutschland in London gestrandet war, dort hatten sie sich kennengelernt, waren ein fröhliches Paar, vor allem waren sie eben ein Paar und eine richtige Familie mit drei Kindern, etwas, das ich gar nicht kannte. Wir saßen an diesem Wochenende erzählend und lachend so lange beim Frühstückskaffee, bis er in den Nachmittagstee überging und wir endlich auch einmal mit dem Hund spazieren gehen mussten, denn wir hatten unseren Hund mitgebracht, der genau wie ich zwischen den Wohnungen meiner Mutter und der Schauspielerin hin und her pendelte, mein Vater hatte ihn mir zum zehnten Geburtstag geschenkt und fühlte sich dem Hund gegenüber ähnlich verantwortlich wie mir, deswegen wurde er überallhin mitgeschleppt. Für die zahlreichen Katzen der Schauspielerin, mit denen er ihre Wohnung teilte, fühlte er sich überhaupt nicht verantwortlich, die behandelte er mit absoluter Gleichgültigkeit, was sie ihm natürlich nach Katzenart mit entsprechender Boshaftigkeit zurückgaben. Die Katzen hießen Sara und Sodom und Hamlet, und manchmal starben sie, dann kamen andere hinzu, an deren Namen ich mich nicht mehr erinnere. Einmal haben wir, nur wir beide, die Schauspielerin und ich, die Katze Sara im Garten hinter dem Haus meiner Mutter begraben, heimlich, denn meine Mutter hätte wenig Verständnis für so viel heidnische Hingabe an ein Tier gehabt, aber im Hugenottenviertel fand sich kein Platz für die tote Katze. Erst schaufelten wir eine kleine Grube, dann standen wir noch ein paar Minuten schweigend an dem Grab und waren traurig, die Schauspielerin tat mir leid, die Katzen ersetzten ihr vielleicht die Kinder, die sie nicht bekommen konnte; auch ich ersetzte ihr ja ein wenig das eigene Kind, das sie nicht hatte. Die Zuneigung zu dem Kind, das ich war, behielt sie auch noch all die vielen Jahre nach der Trennung von Georg, bis zu ihrem Tod viele Jahre nach Georgs Tod; wir sahen uns, wir besuchten uns, wir telefonierten, wir machten uns gegenseitig Geschenke, sie brachte mir regelmäßig ihre Platten und später CDs. Mein Vater missbilligte unsere anhaltende Verbindung und warf sie mir sogar wie einen Verrat vor, aber die Schauspielerin und ich hielten an unserem Bund fest, den wir in den Jahren im Hugenottenviertel geschlossen hatten, als sie mit meinem Vater verheiratet war, und der am Grab der Katze Sara besiegelt worden war.

Als wir mit dem Hund und dem Cousin Andreas, immer heftig diskutierend, in Ilmenau herumspazierten, wusste Georg noch nicht, dass er einmal, viele Jahre später, ganz in der Nähe leben würde, in seiner letzten Ehe mit der letzten Frau und dem letzten Hund, von dem ich immer den Eindruck hatte, er wurde von meinem Vater mehr als die Frau geliebt. Ich verstand mich von Anfang an nicht besonders mit ihr, und nach einem großen Krach in einer Silvesternacht dort in der Provinz flüchtete ich am nächsten Morgen nach Ilmenau zu Andreas und Liesel, sie gaben mir für einige Tage Asyl. Ich war inzwischen Studentin, und wir erinnerten uns noch einmal an das Jugendweihe-Wochenende, das uns in der Rückschau so harmonisch erschien und von dem wir damals noch nicht wissen konnten, dass es der letzte friedliche, ja fröhliche Ausflug dieses Paares, meines Vaters und der Schauspielerin war, bevor sie anfingen, sich zu betrügen und zu bekriegen, und schließlich für immer auseinandergingen und Georg in das möblierte Zimmer in Hirschgarten zog.

Es war Zufall, dass während meines »Asyls« in Ilmenau auch Andreas' Bruder, der nach dem Krieg in England geblieben war und sich seither John nannte, gerade zu Besuch war, und beide Brüder erzählten wieder davon, wie fürsorglich sich damals Georg ihrer angenommen hatte, als sie 1939 noch als halbe Kinder, ohne Geld, ohne Ausbildung und ohne die Sprache zu kennen, in dem völlig fremden London angekommen waren. John erwähnte, dass er Georg einmal viele Jahre später, nach dem Krieg, in der DDR besucht und von ihm den Eindruck gewonnen habe, er hätte mit der englischen Vergangenheit bewusst Schluss gemacht, als gehörte sie für ihn in eine andere Zeit und sollte nicht in die Gegenwart gezerrt werden, auch nicht durch Erinnerungen an all das, was er damals nicht mitnehmen konnte oder wollte, und so habe er, John, sich dann auch bei späteren Besuchen bei seinem Bruder in Ilmenau nicht mehr bei Georg gemeldet, obwohl er so dankbare Erinnerungen an ihn bewahrte.

Der Hund, der so wie ich immer hin- und herpendelte, verschwand dann wenig später unter mysteriösen Umständen, er bekam kein Grab wie die Katze Sara und wurde auch nicht ersetzt wie die anderen verstorbenen Katzen der Schauspielerin, und erst viel später, nach Trennung, Scheidung, dem Leben im möblierten Zimmer und der Geburt seiner zweiten Tochter, die er auch Anna nannte, während seiner vierten Ehe und dem langweiligen Leben dort in der Nähe von Ilmenau, schaffte sich Georg wieder einen Hund an und liebte ihn närrisch.

Nachdem Georg von der Düsseldorfer Redaktion der *Vossischen Zeitung* in die Berliner Redaktion gewechselt war, wurde er dort, so erzählte er, an einem sonnigen Montagvormittag des Jahres 1931 von seinem Chef gefragt, ob er die englische Sprache beherrsche. Er beherrschte sie zu dieser Zeit aber noch nicht, denn in der Odenwaldschule hatten sie zwar Herodot im griechischen und »De rerum natura« von Lukrez im lateinischen Original gelesen und von den modernen Sprachen das Französische gelernt, aber nicht Englisch, doch er habe in diesem Moment eine Intuition gehabt, »Erzähl weiter, Pappi«, gespürt, gewusst, dass seine Antwort auf diese einfache Frage eine Entscheidung auf Leben und Tod bedeutete, und habe enthusiastisch gelogen, natürlich beherrsche er die englische Sprache. »Es war die folgenreichste Lüge meines Lebens.«

So kam Georg 1931 als Korrespondent der *Vossischen Zeitung* nach London, lernte schnell Englisch, »denn wenn du Latein kannst«, sagte er, »lernst du alle anderen Sprachen im Handumdrehen«, lebte mit Ruth im gutbürgerlichen Westen Londons zwischen Hyde Park und Holland Park, und dort heirateten sie endlich auch. Auf Grund der Pressegesetze, die das neue nationalsozialistische Deutschland erlassen hatte, wurde ihm allerdings 1933 schon wieder gekündigt und der ganze Ullstein Verlag, in dem die *Vossische Zeitung* erschien, arisiert, die Ullstein-Brüder gingen ins Exil.

Georg schrieb dann als freier Journalist für österreichische, tschechische und Schweizer Zeitungen und auch schon für den *Evening Standard* und andere englische Zeitungen und besserte seine Honorare durch Spekulieren an der Börse auf, bis er 1938 in die Auslandsabteilung der Nachrichtenagentur *Exchange Telegraph* eintrat. 1936 hatte er gemeinsam mit Ruth die britische Staatsbürgerschaft beantragt, die ihnen jedoch verweigert wurde. Seine deutsche Heimat sah er erst siebzehn Jahre später wieder.

In London wurde Georg ein richtiger »Pressemensch«, so bezeichnete er sich selbst, denn ein richtiger »Theatermensch« ist er dann später während der Ehe mit der Schauspielerin nie geworden, höchstens ein begleitender Theatermensch. Und ich wurde ein begleitendes Theaterkind und lernte das Theater vor und hinter der Bühne zu lieben.

Georg liebte den Beruf des Journalisten, auch wenn er sich weiter für einen Arzt halten ließ, indem er den Doktortitel vor seinem Namen nicht ablegte, den in England sonst nur Ärzte tragen. Er liebte es, morgens um fünf aus dem Fernschreiber die Nachrichten aus aller Welt für die verschiedenen Zeitungen aufzubereiten und die frisch gedruckten Blätter, von denen die Druckerschwärze noch abfärbte, in der Hand zu halten und durchzusehen, liebte die langen Tage im

Büro in der Fleet Street, der legendären Zeitungsstraße, nach seinen Erzählungen die wichtigste Straße Londons, wo er zunächst noch seine Artikel für das *Neue Wiener Tageblatt*, das tschechische *České Slovo* und die Schweizer *Thurgauer Zeitung* schrieb, und ich bestaunte später immer die Schnelligkeit, mit der er eine Zeitung durchblätterte, um dann sofort sagen zu können, welche zwei Artikel die wichtigen Informationen enthielten und des Lesens wert seien. Ruth fing noch einmal an zu studieren, und das Paar begann sich dort im gutbürgerlichen Viertel zwischen Holland Park und Hyde Park einzurichten. 1936 starb George V., und im Mai 1937 wurde George VI. gekrönt, nachdem sein Bruder Eduard VIII. abgedankt hatte, Georg erzählte später sogar mit verhaltener Begeisterung von den Krönungsfeierlichkeiten und dem Krönungszug durch die Stadt, die er aus einem Fenster in der Fleet Street miterlebt hatte. Die Nachrichten aus Deutschland wurden schlechter und bedrohlicher, Paulus Geheeb war inzwischen schon aus Deutschland ausgewandert, genau wie Ruths Schwester, und während Georg für eine Reportage in die USA aufbrach, besuchte Ruth beide in der Schweiz. Der Horizont des Kontinents verfinsterte sich mehr und mehr, vor allem nach der Kristallnacht 1938 trafen immer mehr Freunde, Bekannte und Verwandte aus Deutschland in England ein, die Vettern und Cousinen aus Breslau, Hans und Franz, Ernst, Emil, Hedwig und Antonia mit ihren Kindern und einige Kinder und Jugendliche ohne ihre Eltern, wie Andreas und John, der damals noch Hans hieß.

Von der »Dammschtädder« Bankiersfamilie gab es in London einen Zweig, der schon seit Beginn des 19. Jahrhunderts dort lebte und sich, so wie das Geschlecht der Battenbergs aus Hessen mit dem englischen Königshaus, durch verschiedene Heiraten mit einem führenden englischen Bankhaus verbunden hatte. Georg konnte die Verwandtschaft genau rekonstruieren, wenn er später nicht ganz ohne Stolz von den Messels und Seligmanns erzählte, »… die hat den geheiratet und der Sohn der zweiten Frau von dem Onkel hat dann nämlich …«, »Erzähl weiter, Pappi«, »… einer von ihnen wurde sogar zum Sir erhoben, also geadelt, ich glaube übrigens, er hat sich taufen lassen, seine Schwester heiratete aber einen Soundso und blieb jüdisch«, vergaß Georg nie zu kommentieren, »ich war auf ihrer Hochzeit, und sie haben mich anfangs auch finanziell unterstützt«. Ruth und Georg verkehrten in ihren ersten Londoner Jahren mit diesen Familien und nahmen an ihren Festen und Feiern teil, waren sie nun jüdisch oder christlich.

Von der großen Reportage-Reise durch die USA, die Georg zu dieser Zeit unternahm, hat er später wenig erzählt, zwar erwähnte er manchmal eine Amerikareise, ohne sie aber in eine Zeit einzuordnen oder mit einem Ereignis zu verknüpfen, eigentlich hat er immer nur ganz allgemein vom Autofahren auf den Highways erzählt, was für ein Vergnügen das gewesen sei, er war eben ein leidenschaftlicher Autofahrer und gehörte noch zu der Generation, die sich den Führerschein beim Postamt an der Ecke ausstellen ließ, wie er berichtete. Solange ich zurückdenken kann, bin ich mit meinem Vater Auto gefahren, zuerst war es ein IFA F9 Cabriolet der Marke Wartburg, in dem wir mit offenem Verdeck über die Autobahn sausten, später ging es mit anderen Wartburgs in die Ferien oder an den Wochenenden nach Bad Saarow am Scharmützelsee, wo mein Vater zuerst mit meiner Mutter und danach mit der Schauspielerin ein Haus auf einem Grundstück am See gepachtet hatte. Allerdings hatte der IFA F9 des öfteren einen »Platten« oder lief nur »auf zwei Töppen«, aber »wir Männer« waren ein eingespieltes Team beim Radwechsel und Zündkerzenaustausch und stoppten jedes Mal die Zeit, die wir dafür brauchten, um dann sowohl meiner Mutter als auch der Schauspielerin stolz unsere Rekorde mitzuteilen, die das allerdings sehr wenig interessierte.

»Bevor ich deine Mutter kennenlernte, war ich weit davon entfernt, ein politischer Mensch zu sein«, hat mir mein Vater in einem seiner Briefe aus der Kur in Bad Elster geschrieben, die der nun über sechzigjährige Mann so gut wie jedes Jahr in Anspruch nahm. Seit der Trennung von der Schauspielerin und den vielen Verletzungen, die sie sich gegenseitig beigebracht hatten, litt er immer stärker an Angina pectoris, der »Enge des Herzens«. Von den Kuren schrieb er mir lange Briefe, aber auch vorher und später und bis zum Ende seines Lebens schrieben wir uns oft.

Meiner Mutter ist er in London begegnet, geheiratet haben die beiden aber erst nach dem Krieg in Berlin, und dort ließen sie sich auch wieder scheiden. Litzy, die meine Mutter wurde, lernte er durch seinen Kollegen Peter Smolka kennen, der schon 1930 als Korrespondent der großen Wiener Tageszeitung *Neue Freie Presse* nach London gekommen war und dort zusammen mit seinem britischen Kollegen H. A. R. »Kim« Philby eine Presseagentur gegründet hatte, die die britischen Zeitungen mit Nachrichten aus Mittel- und Osteuropa belieferte und die er später an den *Exchange Telegraph* verkaufte. Bei dieser Agentur wurde Georg 1938 Mitarbeiter, nachdem die *Vossische Zeitung* und der ganze Ullstein Verlag nun arisiert worden waren und zu existieren aufhörten. Die Frau von Peter Smolka war Lotte, Litzys beste Freundin noch aus Kindertagen, als sie zusammen in Wien zur Schule gingen, ebendie, die mir nach Georgs Tod noch so wütend von seiner Affäre mit der spanischen Tänzerin erzählte, und Philby war Litzys Ehemann.

Seit er mit meiner Mutter bekannt geworden war, wurde Georg vom britischen Inlandsgeheimdienst MI5 beobachtet und bekam dort ein Dossier, weil er damit in Kreise eintrat, deren Nähe zu oder Mitgliedschaft in der Kommunistischen Partei bekannt war oder die gar der Spionage für die Sowjetunion verdächtigt wurden. Dieser Verdacht hat sich in den meisten Fällen bestätigt und stellte sich Jahre später sogar als noch viel begründeter heraus, als es sich der MI5 in seinen schlimmsten Albträumen auch nur hatte vorstellen können.

In dem engen Wiener Kreis um Peter Smolka, Lotte und Litzy traf Georg zum ersten Mal Menschen, meistens junge und viele jüdisch, die schon seit längerer Zeit politisch engagiert und aktiv in Vereinen organisiert waren, links oder zionistisch, oft beides, wie er sie wohl vorher noch nicht getroffen hatte. Während Georg in Paris mit Kay, dem Dänen, den »Apachen« nachspürte, hatten sie in Wien dramatische politische Auseinandersetzungen miterlebt, die mit dem Brand des Justizpalastes 1927 und der überaus gewalttätigen Repression, die ihm folgte, ihren Anfang nahmen und Karl Kraus veranlassten, überall in der Stadt zu plakatieren: »An den

Polizeipräsidenten von Wien, Johann Schober: Ich fordere Sie auf, abzutreten.« In der jungen österreichischen Republik und besonders natürlich im »Roten Wien« lieferten sich die präfaschistische Heimwehr und der sozialdemokratische Schutzbund immer wieder heftige Kämpfe, die sich 1934 im Bürgerkrieg entluden, angesichts dessen sich jeder entscheiden musste, zu welcher Seite er gehörte. Litzy und ihre Freunde waren schon vorher in der »Roten Hilfe« und der »Internationalen Arbeiterhilfe« organisiert und hatten Geld für sie gesammelt, Kleider und Essen verteilt und bei ihren Versammlungen revolutionäre Pläne geschmiedet, und in diesen dramatischen Februartagen wählten sie natürlich die Seite der sozialdemokratischen Schutzbündler und schließlich der Kommunisten, obwohl sie meistens aus gutbürgerlichen Verhältnissen stammten, es war wohl auch eine Revolte der Jugend. Sie gaben sich kommunistischen Überzeugungen oder eher Träumen von Gleichheit und Gerechtigkeit hin, die dann fast ein ganzes Leben hielten, auch wenn sie dabei oft die Augen fest verschließen mussten. Vielleicht weil sie so jung waren, sind sie dabei in ihrem politischen Engagement sehr weit gegangen. Sie ließen sich gleich am Anfang vom sowjetischen Geheimdienst rekrutieren und haben in den Jahren nach 1934 dann für ihn spioniert, nachdem sie in England Asyl vor rassischer und politischer Verfolgung gefunden hatten, während der Zeit des Hitler-Stalin-Pakts, als Großbritannien sich Hitler gegenüber ohne Verbündete fand, und später, als die Sowjetunion zum Alliierten Großbritanniens wurde, und schließlich noch viele Jahre darüber hinaus, nach dem Sieg über Hitler, während des Kalten Krieges. Manchmal bestätigte sich die Mitgliedschaft in dem Spionagering sogar erst nach ihrem Tod, Jahrzehnte später.

Litzy war während des Bürgerkriegs in Wien, in den sie sich mit ihren Gefährten gestürzt hatte, verhaftet worden; aber sie konnte dann mehr oder weniger direkt aus dem Gefängnis heraus nach England übersiedeln; das hatte sie ihrem englischen Ehemann Kim Philby zu verdanken, durch die Heirat mit ihm war sie britische Staatsbürgerin geworden. Philby wiederum hatte durch Litzy in Wien während der Februarkämpfe seine politische Initiation erlebt; er war als englischer Sympathisant der marxistischen Lehre nach Wien gekommen und verließ es als überzeugter Kommunist, der bald seine jahrelange Spionagetätigkeit für die Sowjetunion in der Maske des konservativen britischen Journalisten beginnen würde.

Als sie Georg durch ihre Wiener Freunde in London kennenlernte, war Litzy noch mit Philby verheiratet, hatte aber schon einen anderen Geliebten, und Philby hatte andere Frauen, ich glaube, sie lebten auch schon in verschiedenen Wohnungen. Georg war noch mit Ruth verheiratet, ihre Wege trennten sich jedoch bald.

Irgendetwas an dem Feuer, ja Furor seines neuen Freundeskreises um Litzy und Lotte und Peter Smolka muss Georg angezogen haben, es scheint ein noch intensiverer Aufbruch gewesen zu sein als damals in die Bohème von Düsseldorf, und er fand dieses Feuer und den Furor dann später bei den meist jungen und oft auch österreichischen und jüdischen Gefährten im kanadischen Internierungslager wieder. Sie alle fühlten sich verbunden in dem Glauben, dass einzig die Sowjetunion sich anschickte, ihre sozialistischen Träume von Gleichheit und Gerechtigkeit zu verwirklichen, so sehr, dass Peter Smolka, der Georg zum *Exchange Telegraph* geholt hatte, während seiner Reisen in die Sowjetunion, wo er auch Lager besichtigte und darüber berichtete, nichts sah, was ihn aus seinen Träumen in die Wirklichkeit hätte zurückholen können. Deshalb war er später auch auf seinem Posten beim britischen Ministerium für Information gut aufgehoben, um die Berichterstattung über die Sowjetunion auch weiter im positiven Sinne zu beeinflussen.

Litzy war es also, die den inzwischen gar nicht mehr so jungen Mann Georg aus gutem bürgerlichem Hause zur Politik verführt hat. Wenn Georg später auf sein kommunistisches Engagement zu sprechen kam, sagte er immer, »dabei bin ich eigentlich nie über Hermann Hesse hinausgekommen«, vor allem, wenn wir über Politik stritten und ich ihn und meine Mutter nach ihrer Blindheit gegenüber den kommunistischen Verbrechen, den Schauprozessen in den Jahren 1937–39, den Gulag fragte und sie ihnen als »eine jahrzehntelang anhaltende Bartholomäus-Nacht ohne Ende« an den Kopf warf. Hatte darüber etwa nichts in den Zeitungen und den Nachrichten aus dem Fernschreiber gestanden, die Georg jeden Morgen um fünf beim *Exchange Telegraph* auswertete? Darauf antwortete er dann wieder so etwas wie: »Ich bin in Wirklichkeit nie über Hermann Hesse hinausgekommen«, und meinte damit wohl einen pazifistischen Humanismus, wie ihn auch Paulus Geheeb vertreten hatte. In den Londoner Jahren, nach der Begegnung mit Litzy, scheint er sich jedoch weit über Hermann Hesse hinausbegeben zu haben. Jedenfalls konnte ihm Ruth darin nicht mehr folgen, so bestätigen es auch die *files* vom MI5: *G.H. had no firm politically views until he met Litzy.*

Sehr viele Jahre später, nach seinem Tod, bekam ich die *files* und Akten über Georg zu sehen, die *files* vom MI5 und die Akten von der Stasi.

Die Akten und *files* ähneln sich eigentümlich in ihren hilflosen Beschreibungen, Beobachtungen und Berichten, die von offiziellen und inoffiziellen Mitarbeitern zusammengetragen wurden. Nur durch eine merkwürdige Verkettung von Zufällen sind mir diese Berichte unter die Augen gelangt und teilweise sozusagen zugespielt worden; ich habe sie nicht gesucht, sie dann aber doch durchgesehen, voller Zweifel und Scheu, es den ungebetenen Gästen, den offiziellen und inoffiziellen Überwachern in Georgs Leben, gleichzutun. Und tatsächlich stieß ich in den *files* und Akten auf Lebensepisoden und Ereignisse, die Georg in seinen Erzählungen und Briefen ausgespart hat, vielleicht weil sie bei der Rückschau über die ganze Lebenszeit in ihrer Bedeutung zusammengeschmolzen und nebensächlich geworden waren, oder aber, weil sie im Gegenteil zu schwer wogen, um sie mit in die Gegenwart hinüberzutragen, denn die Erinnerungen verwandelten sich in den Erzählungen auf unseren Spaziergängen und während unserer Autofahrten ja zur Gegenwart, die er mit mir teilte. Die Berichte der *files* und Akten aber erfanden für mich nun die Vergangenheit eines Mannes aus einer weit entfernten Lebensepoche, eines Mannes, der nicht mein Vater war.

In den *files* des MI5 fand ich sogar Georgs Amerikatour durch eine amerikanische Zeitungsnotiz aus dem Jahre 1938 ohne weiteren Kommentar dokumentiert: *G.H. is on tour of the South to gather material on economic and social trends in the South. From New Orleans he is driving through Mississippi, Atlanta, Tennessee and then back to Washington and New York.* Ich kann mir seine Begeisterung *on the tour* gut vorstellen, auch wenn ich nie eine ausführliche Beschreibung bekommen habe. Auch ein handgeschriebenes Adressbuch fand sich in den *files*, ich erkannte sofort Georgs Schrift; wahrscheinlich in Vorbereitung dieser Tour waren dort hauptsächlich Adressen amerikanischer Journalistenkollegen verschiedener Zeitungen notiert, der *New York Times*, der *Washington Post*, Redaktionsadressen in anderen Staaten und Städten, die er noch besucht hat, Knoxville, Missouri, Louisiana, Atlanta, und Büros von Senatoren im Senate Office Building in Washington, die er vielleicht interviewen wollte, und dazwischen die Adresse seines Doktorvaters Karl Viëtor, der zu dieser Zeit schon aus Gießen ausgewandert war und eine Professur an der Harvard University erhalten hatte, Ruths Adresse bei ihrer Schwester in der Schweiz und Litzy Philbys Adresse am Brunswick Square. Bald nahm er sich ein Zimmer in der Nähe genau dieser Adresse, das belegen die *files* auch.

Sein Interesse für die USA ist, seit es die aus Breslau ausgewanderten Söhne von Abraham und Pauline in seiner Jugend in ihm entfacht hatten, immer sehr lebhaft geblieben, auch noch in den späteren Jahren in der DDR, wo die USA ja eigentlich alles Schlechte verkörpern mussten und obwohl er im Alter ein ziemlich propagandistisches Buch über den amerikanischen Zeitungskönig Hearst geschrieben hat. Er ließ auch nie Zweifel daran, dass er Amerika England vorzog, und teilte nicht die pro-englische Euphorie seiner ersten Frau und eigentlich auch seiner zweiten, meiner Mutter. »Ja, die Engländer sind tolerant«, meinte er, »aber vor allem sind sie herablassend; ja, sie sind fair, aber nur, solange du nicht die Grenzen ihrer Toleranz überschreitest – da verstehen sie nämlich überhaupt keinen Spaß mehr, und ihr sprichwörtlicher Humor löst sich in Luft auf.«

Ruth dagegen blieb für immer in England, wurde nach ihrem Medizinstudium eine angesehene Psychiaterin, anglisierte ihren Namen und heiratete Hermann, der Georgs übler Nachrede zufolge ein »stadtbekannter Schwuler aus Frankfurt« gewesen sein soll und sich nun Henry nannte. Beide erhielten bald nach dem Ende des Krieges die britische Staatsbürgerschaft. Georg sprach ja immer schlecht über alle Menschen, solche, die er kannte, und solche, die er nicht kannte, nur an wenigen, eigentlich an niemandem ließ er ein gutes Haar. Aber wenn er diesen Menschen dann begegnete, sie kennenlernte oder überhaupt mit Leuten zusammentraf, über die er vorher nur seine schlechten Meinungen verbreitet hatte, verstand er sich meistens sehr gut und verbrachte wunderbare Stunden in angeregter Geselligkeit mit ihnen, bei denen er seinen Witz sprühen ließ, und sie behielten diese Stunden noch lange im Gedächtnis, wie mir manche von ihnen noch nach seinem Tod erzählten, nicht ahnend, welchen Vorurteilen sie früher ausgesetzt gewesen waren. Georg war nämlich zugleich misanthropisch und gesellig, bissig und charmant, immer witzig und zugleich immer ein bisschen traurig, widersprüchliche Eigenschaften, die vielleicht von der »miesen Erbschaft« stammten, dem ewigen Zwischen-den-Stühlen-Sitzen.

So war es auch, als ihn einmal in viel späteren Jahren, nachdem Georg schon wieder von meiner Mutter und auch von der Schauspielerin getrennt war und mit der letzten Frau, der zweiten Tochter Anna und dem Hund zurückgezogen in der Provinz lebte, Ruth und Henry besuchten, die ich bei dieser Gelegenheit endlich kennenlernte; Ruth sah immer noch so »sephardisch« aus, wie mein Vater sie geschildert hatte. Wir gingen alle zusammen in dieser hügeligen Landschaft der Provinz spazieren, in der er nun lebte und die nicht allzu weit vom heimatlichen Hessen entfernt lag. Ich weiß nicht, ob Henry auch ein ehemaliger Odenwaldschüler war, jedenfalls kehrten sie, während wir unter einem

Baum picknickten, in ihren Gesprächen hauptsächlich in den Odenwald, nach Ober-Hambach und zu Paulus Geheeb zurück und erwähnten die Londoner Zeiten gar nicht oder nur ganz am Rande, wenn die Sprache auf Ruths und Henrys englische Gegenwart kam, praktische Auskünfte über Wohnen und Leben. Sie verstanden sich gut, diese drei, schien mir, als ob sie all die Jahre über freundschaftlich verbunden geblieben wären, so wie Georg ja auch mit seiner zweiten Frau Litzy, meiner Mutter, über die vielen Jahre nach ihrer Scheidung freundschaftlich verbunden geblieben war, und nur mit der dritten Frau, der Schauspielerin, war das offensichtlich ausgeschlossen, da gab es wohl keine Freundschaft, sondern nur Leidenschaft, und nach der Trennung waren dann an die Stelle von Leidenschaft und Liebe Hass und Rachsucht getreten.

Über die Anfangszeit von Georg und Litzy als Paar weiß ich wenig, denn ihre Erzählungen aus dieser Zeit handelten fast ausschließlich vom Krieg, der Internierung in Kanada, den Bomben auf London und waren wohl außerdem von ihren Geheimdienst-Verstrickungen überschattet, die ihnen Schweigen auferlegten. Georgs und Litzys Ehe hielt keine zehn Jahre, sie ließen sich dann in Berlin wieder scheiden, als ich gerade sechs Jahre alt war, deshalb habe ich sie in meiner Erinnerung gar nicht als Ehepaar erlebt, sondern als Freundespaar, das sich gegenseitig besuchte, über praktische Angelegenheiten beriet und vorsichtig über die DDR-Politik diskutierte, über das, was in den Zeitungen stand, und das, was nicht in den Zeitungen stand, über Ärger, den sie selbst hatten oder von dem sie gehört hatten. Zu dieser Zeit war Georg schon lange kein Pressemensch mehr, ganz am Anfang, nach seiner Rückkehr aus England, hatte er die Hoffnung, sich noch einmal in dem erträumten neuen Deutschland als Pressemensch entfalten zu können, aber das ist nur eine Episode geblieben, die bald vorüber war.

Mit der Schauspielerin gab es immer nur Gespräche über das Theater, über Stücke und über Aufführungen und natürlich Theaterklatsch über Kollegen und Rivalinnen. Mir gefiel das ja, und ich liebte diese Gespräche, denn sie erzählte dabei auch ausführlich den Inhalt aller Stücke, in denen sie spielte, von Woyzeck und der Erbsensuppe, von König Lear und seinen drei Töchtern, den Abenteuern des Weinberl in Nestroys »Einen Jux will er sich machen«, dessen Darsteller ich ja heiraten wollte, und von Androklus, der dem Löwen den Splitter aus der Tatze zog und von diesem dann später zum Dank beim Kampf in der römischen Arena verschont wurde. Georg brachte mir bei dieser Gelegenheit bei, wie man den Namen des Dichters dieses Theaterstücks richtig auszusprechen hat – Dschordsch Bönard Schoo, obwohl er sonst nicht viel unternahm, um mir die englische Sprache nahezubringen, sondern mich mit Griechisch und Latein triezte. Er sprach natürlich fließend Englisch, er las Englisch und schrieb Englisch, aber ohne die Begeisterung meiner Mutter, die überhaupt bis zum Ende ihres Lebens lieber englische als deutsche Bücher las; in den Gesprächen meiner Eltern mischten sich die Sprachen des öfteren, weil das Englische manchmal die bessere Formulierung bereithielt, so wie Georg die Hauswirtin in Hirschgarten die »Landlady« nannte. »*I am an old man in a hurry*«, zitierte er Churchill (Vater) in einem seiner letzten Briefe aus dem Krankenhaus, das habe er zu der Ärztin gesagt, um sie an weiteren Bemühungen und Untersuchungen zu hindern, »denn was an mir nicht stimmt, könnten wir doch für uns beide vorteilhafter bei der Obduktion feststellen«; so habe er argumentiert und sie auch davon überzeugt, schrieb er und ist dann bald gestorben, kurz nach seinem 81. Geburtstag.

Nach dem Überfall Deutschlands auf Polen und nachdem England und Frankreich im September 1939 Deutschland den Krieg erklärt hatten, waren in England überall Tribunale eigerichtet worden, die alle im Land lebenden Deutschen und Österreicher als *enemy aliens* einer Überprüfung unterzogen und danach in die Kategorien A, B und C einteilten.

Auch Georg wurde zu einem dieser Tribunale vorgeladen und in die Kategorie B eingestuft, die ihm Restriktionen des täglichen Lebens wie ein Perimeter von 5 miles, das er nicht überschreiten durfte, auferlegte. In einem Brief an das Home Office legte er dagegen Widerspruch ein und brachte dafür auch Bürgen bei. Den englischen Originalbrief fand ich ebenfalls unter den *files* des MI5.

31. Oct. 1939

Sir,

ich bin Deutscher, geboren am 6.10.1903 in Wiesbaden, jüdischer Herkunft.

Ich kam 1931 nach England als London-Korrespondent einer deutschen Zeitung, der Vossischen Zeitung. *1934 musste die Zeitung wegen der politischen Situation in Deutschland als ein aus-*

gesprochen liberales Blatt und im Besitz des jüdischen Ullstein Verlags schließen.

Ich wurde dann freier Mitarbeiter für eine Anzahl kontinentaler Zeitungen und dann London-Korrespondent einer Prager und einer österreichischen Zeitung. Hauptsächlich übermittelte ich diesen Zeitungen die Informationen des Daily Telegraph News Service. Während dieser Zeit hatte ich ein Büro im Daily Telegraph Building. Als später sowohl die tschechischen als auch die österreichischen Zeitungen unter deutsche Herrschaft fielen, beendete ich meine Tätigkeit und wechselte zum Exchange Telegraph Co. und bin dort als Mitarbeiter des Foreign Office angestellt. Ich möchte hinzufügen, dass diese Abteilung zu Beginn des Jahres mit dem Ziel gegründet wurde, der Nazi-Propaganda in den verschiedenen nun besetzten Ländern unabhängige Informationen und den britischen Standpunkt entgegenzusetzen.

Am 19. Oktober kam mein Fall vor das enemy alien-Tribunal Hammersmith und ich wurde von diesem in Kategorie B eingeteilt, d.h., dass ich nicht interniert werde, mich jedoch den Restriktionen des enemy alien zu unterwerfen habe, u.a. die Bewegungsfreiheit jenseits von 5 miles betreffend.

Ich möchte betonen, dass ich mich, auch wenn ich schon 1931 nach England kam, als Flüchtling betrachte, da ich als Jude keine Möglichkeit habe, nach Deutschland zurückzukehren. Eine Verlängerung meines Reisepasses wurde mir von der deutschen Botschaft 1938 förmlich abgelehnt; meine Reportage-Reise durch die USA wurde mir dann durch ein Travel Certificate des Home Office ermöglicht.

Meine Gegnerschaft zum Nazi-Regime ist allgemein bekannt. Ich habe schon 1936 einen Antrag gestellt, um die britische Staatsbürgerschaft zu erwerben, und möchte diesen Wunsch hiermit noch einmal wiederholen und darum bitten, meine Einstufung als enemy alien der Kategorie B zurückzuziehen.

Als Bürgen in meiner Angelegenheit nenne ich:

Sir Wilfred King; chairman and managing director of the Exchange Telegraph

Brigadier E. Lawson; Managing director of the Daily Telegraph, Fleet Street

Victor Gordon Lennox; Diplomatic correspondent of the Daily Telegraph

R. Berenson; Economic Investigator at the Ministery of Economic Warfare

I am, Sir, your obedient servant

Jedoch nützte ihm dieser Brief nichts.

Denn als zu Beginn der deutschen Offensive im Westen, Churchill war gerade Premierminister geworden, Holland und Belgien im Handstreich erobert wurden, die Deutschen in Dünkirchen einen weiteren Blitzsieg feierten, in Paris kampflos einmarschierten und Frankreich praktisch kapitulierte, während die Sowjetunion mit Hitler in einem Nichtangriffs- und Freundschaftspakt verbunden war, brach unter den Engländern die Angst vor einer deutschen Invasion aus, die auch Churchill zu diesem Zeitpunkt noch für möglich hielt und der er in seiner berühmten Rede *We shall fight on the beaches* den Widerstandswillen der Briten entgegensetzte: *We shall fight on the landing grounds, we shall fight in the fields and in the streets, we shall fight in the hills; we shall never surrender.*

Die Engländer hatten es nach dem Desaster von Dünkirchen gerade noch geschafft, einen großen Teil ihrer Streitkräfte, die so der deutschen Kriegsgefangenschaft entkamen, zu evakuieren, aber sie hatten selbst keine Kriegsgefangenen machen können, für die aber schon Lager in den Übersee-Dominions Kanada und Australien eingerichtet worden waren. Diese Lager mussten nun die deutschen und österreichischen Flüchtlinge, zumeist Juden, die sich in Großbritannien endlich in Sicherheit wähnten, als Ersatz für echte Kriegsgefangene füllen, und es wurden nun auch die *enemy aliens* der Kategorie B interniert und nach Kanada oder Australien verschifft. So kam Georg nach Kanada.

Wie seine Erzählungen von der Odenwaldschule nahmen auch die von Kanada einen großen Raum ein, der nicht der verhältnismäßig kurzen Dauer der Aufenthaltszeit entsprach, sie aber durch häufige Erwähnungen und Wiederholungen auszudehnen schien, wie es mit wichtigen Lebensereignissen geschieht, seien es auch nur Momente gewesen.

»Ich erinnere mich noch genau an das Gefühl völliger Hilflosigkeit, als in meiner Wohnung in London zwei Männer auftauchten und mich aufforderten mitzukommen«, so begann die Erzählung, und dann folgte: »Ich war bis dahin weit davon entfernt, ein politischer Mensch zu sein.«

Das sollte sich durch die Internierung in Kanada ändern. Nachdem Georg zuvor in London gerade Litzy und ihren Freundeskreis kennengelernt hatte, traf er nun wieder auf Kommunisten aus Österreich und Deutschland, aber auch auf eine Gruppe von Landsleuten, denen er noch nie in seinem ganzen Leben begegnet war, orthodoxe Juden. Manche der Internierten waren beides zugleich, Kommunisten und Juden, die in England Asyl vor der Verfolgung in Deutschland gesucht hatten. Niemand hat bis heute so recht verstanden, wozu diese panische Internierungsaktion eigentlich nützen sollte. Es herrschte jedoch unter den Engländern zu dieser Zeit eine Stimmung, auf die die Regierung glaubte reagieren zu müssen, sie hatte immer schon im Land existiert, aber nun wuchs sie an und griff weiter um sich – antideutsch und antijüdisch. Von beidem fühlte sich Georg aufs Äußerste beleidigt, als Deutscher und als Jude. Obwohl er mehrfach die britische Staatsangehörigkeit beantragt hatte und sich wohl bis zur Begegnung mit Litzy sehr gut ein weiteres Leben mit Ruth in London zwischen Hyde Park und Holland Park hätte vorstellen können, weigerte er sich hartnäckig, seinen Namen zu anglisieren, davon sprach er später immer voller Stolz wie von einer tapferen Tat, sondern beharrte auf der deutschen Schreibung des Namens und ließ nicht einmal das zweite »n« in seinem Namen fallen.

Zunächst waren die verhafteten *enemy aliens* auf der Isle of Man interniert worden, wo man Sommerhäuser für ihre Unterbringung requiriert hatte, da hatte die Gefangenschaft noch einen gewissen Feriencamp-Charakter. Unter der Aufsicht britischer Wachposten konnten sie an den Stränden der Insel baden; bei dieser Gelegenheit hörten sie, wie einer der Posten zum anderen sagte: »Ich wusste gar nicht, dass unter den Nazis so viele Juden waren.« Die Wachen hielten sie nämlich immer noch für deutsche Kriegsgefangene, und diese aufgeschnappten Worte sorgten unter den internierten Männern für Lacher und für Wut. Schließlich wurden die *enemy aliens* nach Kanada verschifft, und diese Überfahrt glich in keiner Weise der, die Georg für seine Amerika-Reportage zwei Jahre früher unternommen hatte, denn es war inzwischen Krieg auf dem Kontinent, und auf dem Meer tobte der U-Boot-Krieg. Gerade war ein erstes Schiff, die *Arandora Star*, das Internierte nach Kanada bringen sollte, von deutschen U-Booten torpediert und versenkt worden, es hatte nur wenige Überlebende gegeben.

Die Überfahrt dauerte zehn Tage, und es gab keinen, der nicht seekrank war und krank vor Angst vor den deutschen U-Booten. Die Gefühle der Angst vor dem zischenden Meer, dem schwankenden Schiff und den deutschen U-Booten aber waren vermischt mit der Hoffnung auf Sicherheit, die sie, wenn auch als Gefangene, jenseits des Meeres in Kanada finden würden. Denn was würde mit den geflohenen Juden und Kommunisten bei einer deutschen Invasion Englands geschehen?

»Ich habe ja nie erfahren, wo in Kanada, an welchem Ort oder in der Nähe welcher Stadt ich während der Monate dort im Lager interniert war, wir haben nur Wald und Wald und Wald ohne Ende gesehen und nur eine einzige Straße, die ein einziges Gleis kreuzte, auf dem sie uns, vom Schiff auf die Bahn verfrachtet, in unser Lager brachten, eine Bahnstation gab es gar nicht, nur Halt auf den Gleisen direkt neben dem Lager, das dort gerade eingerichtet worden war, Baracken, Wachtürme, Stacheldraht, obwohl man von dort nirgends hätte hinfliehen können außer in den unendlichen Wald, von dem das Lager umgeben war«, erzählte Georg.

Auch in dem kanadischen Lager wurden deutsche Kriegsgefangene erwartet und nicht dieser bunte Haufen von Zivilisten, die auch noch meistens Juden waren, darunter eine große Gruppe orthodoxer Juden verschiedener religiöser Ausrichtungen, chassidische und Jeschiwa-Studenten und Rabbis aus Frankfurt und aus Wien, assimilierte Juden, nichtjüdische Deutsche und Österreicher der verschiedenen politischen Ausrichtungen, Kommunisten, Sozialdemokraten und christliche Nazigegner. Die Begegnung mit den orthodoxen Juden muss für die assimilierten Juden wie Georg eine Art Schock gewesen sein, als wären ihre Großeltern und Voreltern, von denen sie sich doch schon so lange emanzipiert und an die sie kaum noch Erinnerungen hatten, wiederauferstanden. Die orthodoxen Juden im Lager wurden auch schon bald durch jüdische religiöse Organisationen und Stiftungen in Kanada unterstützt, die sie unter anderem, es war inzwischen September 1940, für die nahenden hohen Feiertage ausrüsteten und denen sie alles zukommen ließen, was sie so brauchten, dazu Rabbiner aus Toronto oder Montreal abkommandierten, die mit der Lagerleitung über Speisevorschriften und sonstige Anforderungen ihres Glaubens verhandelten. Das war Georgs erste Begegnung mit der Welt der religiösen Juden, und zum ersten Mal in seinem Leben sah er sie in ihrer vollen »Ausrüstung«, mit Tallit und Teffilin und Torarollen und Talmudexemplaren, die ihnen die kanadischen Glaubensbrüder auch beschafft hatten, und hörte sie zum jüdischen Neujahrstag auch noch das Schofar blasen.

Ihre Zusammengehörigkeit habe ihn beeindruckt, erzählte er, aber sie schienen ihm doch von einem ganz fremden Stern zu sein, und außerdem suchten sie nie die Nähe der anderen, sondern hielten sich, wenn sie konnten, abseits und verteidigten nur ihren religiösen Alltag im Lager, so gut es ging.

Alle anderen politischen und religiösen Gruppen hingegen warben um Anhänger, besonders intensiv bei den jungen Leuten, und die Kommunisten waren bei diesem Werben die aktivsten. Sie suchten den Kontakt und organisierten jede Menge Betätigungen, denn an den Abenden und dem freien Tag, der den Inhaftierten auch gewährt wurde, blieb im Lageralltag noch genug Zeit für alle möglichen Veranstaltungen kultureller oder sonstiger Art, um nicht einfach nur die Zeit totzuschlagen. Es gab natürlich eine Lagerordnung, eine Lageruniform, einen Appell am Morgen, das Abzählen, den *Roll Call*, und dann mit den Äxten abmarschieren und Bäume fällen in diesem unendlichen Wald. Es war schwere

Arbeit, aber es war keine Sklavenarbeit, und es gab abends in der Kantine auch genug zu essen, Briefe kamen an, es gab Zeitungen und einige Radios, und vor allem gab es eben auch freie Zeit, und so bildeten sich nach der politischen, religiösen oder einfach auch menschlichen Sympathie verschiedene Wahlverwandtschaften. Georg fühlte sich wie viele andere zu den Kommunisten hingezogen, die sich vom ersten Tag an organisierten, manche von ihnen, vor allem die Österreicher, kannten sich ja schon aus den Bürgerkriegszeiten in Wien, und sie beeindruckten Georg vor allem dadurch, wie selbstbewusst sie gegenüber der Lagerleitung und Lageradministration auftraten, um bestimmte Bedingungen zu fordern, den unsinnigen Feind-Status abzuwenden und stattdessen den Status all dieser inhaftierten Männer als Nazi-Flüchtlinge anzuerkennen. Die Genossen waren darüber hinaus umstrahlt von einer Aura des Widerstands gegen die Nazis, einige von ihnen hatten schon deutsche KZs durchlebt oder waren ehemalige Spanienkämpfer, einer von ihnen war ein legendärer Kommandant der Thälmann-Brigade, der in wichtigen Schlachten in Spanien gekämpft hatte; es ging von ihnen allen einfach ein starker Wille aus, nicht zu unterliegen, nicht zu resignieren und das Schicksal der Gefangenschaft nicht nur zu erleiden. Also nutzten sie die Zeit, und so wie die orthodoxen Juden, die in ihren Talmudexemplaren lasen und studierten, sammelten sich auch die Kommunisten, um zu lernen, zu studieren und zu instruieren, sie nannten es Schulungen. Georg ließ sich von ihnen schulen und weiterbilden, er studierte unter ihrer Anleitung den »Kurzen Lehrgang der Geschichte der KPDSU (B)« und arbeitete mit den Genossen »Das Kommunistische Manifest« durch, das er jetzt zum ersten Mal las. Die Genossen hatten sich diese Bücher, ähnlich wie die orthodoxen Juden ihre Talmudexemplare, wohl von Hilfsorganisationen schicken lassen. Georg fand, »die Kommunisten hatten Erklärungen«. Mit diesen Erklärungen warben sie vor allem bei den jugendlichen Internierten, von denen vorher viele Zionisten waren, aber Zion war weit und kompliziert, und der Kommunismus war schließlich so einfach, wurde ihnen erklärt, und obgleich Georg gar nicht mehr jugendlich, sondern inzwischen fast vierzig war, ließ auch er sich vom Elan dieser Leute tragen, schließlich war er ja schon von Litzys Freunden aus dem Wiener Kreis in London, von denen sich auch einige unter den Internierten befanden, initiiert worden. Er verspürte die Verlockung, zu dieser Gruppe, vielleicht überhaupt einmal zu einer Gruppe dazuzugehören, zumal man ihm Respekt und Vertrauen und, wie er sagte, auch Freundschaft entgegenbrachte. Und vielleicht weil er schon ein »gestandener Mann« war und unter den Engländern in einer längeren sozusagen bürgerlichen Existenz gelebt hatte, wurde er schließlich sogar zum Lagersprecher gewählt. Jede der verschiedenen Gruppen im Lager konnte einen Kandidaten aufstellen, Georg wurde von den Kommunisten aufgestellt und mit großer Mehrheit auch von den anderen Gruppierungen gewählt, was er nie zu betonen vergaß, »auch von allen anderen«. Sogar im englischen Internierungslager galten die demokratischen Spielregeln, und noch viele Jahre später, wenn er davon sprach, spürte ich, dass er Stolz und Genugtuung über diese Zustimmung und die Anerkennung seiner Person empfand. Dabei war es wahrscheinlich von den Kommunisten ein Kalkül gewesen, gerade einen so »unbefleckten« Kandidaten aufzustellen, der sich noch in keiner Fraktion einen Namen gemacht hatte, denn natürlich gab es auch bei den inhaftierten Kommunisten verschiedene Fraktionen, und vor allem befanden sich die Genossen zu diesem Zeitpunkt in der schwierigen Lage, den Hitler-Stalin-Pakt nach den Komintern-Weisungen als »großartigen Schachzug von Seiten der Sowjetunion« auszulegen und den Krieg, den Großbritannien in diesem Moment allein gegen Hitler-Deutschland zu kämpfen hatte, als »imperialistischen Krieg« zu interpretieren, in dem man sich neutral zu verhalten hatte und der einen im Grunde nichts anging.

Es gab im Lager aber nicht nur politische Veranstaltungen, sondern auch ein reges Kulturleben und dazu noch so etwas wie eine regelrechte Lager-Universität, denn unter den Internierten waren zahlreiche Wissenschaftler, Akademiker und Künstler; die Wissenschaftler hielten Vorträge in ihren Fächern, die Künstler improvisierten Ausstellungen und die Musiker, von denen einige später berühmte Solisten wurden, veranstalteten Konzerte, für die ihnen das Rote Kreuz oder andere Hilfsorganisationen Instrumente, ja sogar einen Flügel beschafft hatten, Theater wurde natürlich auch gespielt, auf Englisch und auf Deutsch. Eine der letzten Aufführungen, die Georg vor seiner Entlassung sah, war »Androklus und der Löwe« von Dschordsch Bönard Schoo.

Unter den Internierten in Kanada gewann er einen Freund, mit dem er bis an sein Lebensende verbunden blieb und der eigentlich der einzige Freund war, den er je hatte, denn sonst tauchte er immer nur in den Kreis seiner jeweiligen Frau ein und verließ diesen Kreis wieder, wenn er die Frau verließ, und die ehemaligen Freunde verwandelten sich wieder zurück in Bekannte. Dieser Freund, Martin, ein Österreicher, kein Jude, Kommunist von frühester Jugend an und in alle Kämpfe des »Roten Wien« verwickelt, war vor dem austrofaschistischen Regime nach Moskau geflohen und hatte dann im spanischen Bürgerkrieg gekämpft; er nahm vielleicht den Platz von Georgs verlorenem großen Bruder ein. Er war tatsächlich ein bisschen älter als Georg, und ich erinnere mich an seine regelmäßigen Besuche in Berlin, er brachte mir Bücher vom Globus Verlag mit, dem Parteiverlag der KPÖ, bei der er Mitglied des Zentralkomitees war, »Reportage unter dem Strang geschrieben« zum Beispiel, die kommunistische Märtyrergeschichte von Julius Fučík. Wie so viele andere auch hat sich Martin jedoch 1968, nach dem Einmarsch der sowjetischen Truppen in die Tschechoslowakei, mit seiner Partei überworfen, und auch für Georg war dieses Ereignis ein Wendepunkt, von dem an er in seinen kommunistischen Überzeugungen deutlich nachließ und seine Enttäuschung gar nicht mehr zu verbergen suchte.

In der britischen Öffentlichkeit, in den Zeitungen und schließlich auch im Parlament war inzwischen über die Unsinnigkeit der ganzen Internierungsaktion der *enemy aliens* diskutiert worden, sie wurde schließlich widerrufen, die Lager wurden aufgelöst und die Häftlinge entlassen. Einige blieben in Kanada oder suchten Asyl in den USA, die meisten jedoch kehrten nach England zurück, und von den jungen Männern unter ihnen traten viele in die britische Armee ein; zunächst standen ihnen nur waffenlose Bataillone offen, später jedoch ließ man sie auch mit der Waffe als *the Kings most loyal enemy aliens* gegen die Armeen ihres ehemaligen Heimatlandes kämpfen. Und siegen.

Georg gehörte zu den ersten, die aus dem Lager in Kanada entlassen wurden, Litzy und seine Kollegen vom *Exchange Telegraph* hatten Himmel und Hölle in Bewegung gesetzt, um die Entlassung zu bewirken. In einem seiner Lebensläufe, die er später während der zahllosen Parteiüberprüfungen der frühen fünfziger Jahre in der DDR zu schreiben hatte und die ich in seiner Stasi-Akte fand, schrieb er: »Nach meiner Freilassung meldete ich mich in London bei der Partei und wurde anschließend als Mitglied aufgenommen. Alle beruflichen Fragen und Entscheidungen, wie beispielsweise mein Eintritt in die Nachrichtenagentur Reuter, wurden mit der Partei abgesprochen.«

Als er Anfang des Jahres 1941 nach London zurückkehren konnte, erwartete ihn dort Litzy, seine neue Geliebte, und er zog aus der Wohnung zwischen Hyde Park und Holland Park aus, in der er mit Ruth gewohnt hatte, und lebte fortan mit Litzy in einer Wohnung in St. Johns Wood.

In London tobte die *Battle of Britain*.

Bomben auf London, Tag und Nacht, die Engländer nannten diese nicht aufhörenden Bombardierungen durch die deutsche Luftwaffe *the Blitz* und verglichen *the Blitz* mit dem *Great Fire* von 1666, das fünf Tage gewütet und fast die ganze Stadt niedergebrannt hatte. *The Blitz* wütete acht Monate und legte große Teile der Stadt in Schutt und Asche.

Georg und Litzy wurden wie so viele andere Londoner immer wieder in ihrer Wohnung ausgebombt, zogen um, wurden wieder ausgebombt, zogen wieder um, oft nur provisorisch zu Freunden und Bekannten, flüchteten in die Luftschutzkeller und Tube-Stationen, liefen danach durch die zusammenstürzende Stadt, zwischen Rauch und Flammen, und räumten mit allen anderen Scherben und Schutt beiseite. Die Londoner lebten ihren Alltag, als wäre nichts geschehen, so haben es mir meine Eltern oft geschildert, nur die Londoner Kinder waren aufs Land evakuiert worden. Litzy folgte dem Ruf an die englischen Frauen *Fighting fit in the factory!*, in den Fabriken die Rüstungsanstrengungen zu unterstützen, und ließ sich als Werkzeugmacherin in der Montage anlernen, während Georg wieder in der Redaktion in der Fleet Street die sich überschlagenden Nachrichten vom Krieg montierte und die Meldungen bearbeitete und Artikel schrieb. Die Engländer ordneten das, was da täglich geschah, mit ihrem sagenhaften *common sense* nun ihrem Leben zu, wie einen unvorhergesehenen Schicksalsschlag, mit dem man eben fertig werden muss, tranken Tee auf den Trümmern, richteten sich, so gut es ging, in den Luftschutzräumen und U-Bahn-Schächten ein, warteten in aller Seelenruhe auf die Entwarnung, den langen Signalton des *All Clear*, und zeigten keinerlei Hysterie; das war es, wovon Georg und Litzy später am meisten erzählten, das war es, wovon ich wieder und wieder hörte, die Ruhe der Engländer, der Beistand, den sie sich gegenseitig leisteten. Und auch vom Königspaar, das wie einst Charles II. beim *Great Fire* in der Stadt verblieb und seinem Volk helfend zur Seite gestanden hat, seiner andauernden Gegenwart und Solidarität in der brennenden Stadt, sprachen sie mit der größten Hochachtung, ja, ich glaube, sie erlebten diese Monate als einen historischen und heroischen Moment, den sie mit den Engländern teilten, Nächte der Furcht, dass diese Insel nach 900 Jahren zum ersten Mal wieder besiegt und besetzt werden könnte, und Tage des Mutes und der Kampfbereitschaft: *We shall fight on the beaches ... we shall never surrender!* Es entstand eine Art paralleles Leben in den Kellern und Schächten, ganze Behörden und Ämter wurden unter die Erde verlegt, in den Luftschutzkellern fand ein reges kulturelles Leben mit Konzerten und Veranstaltungen statt, und in jedem Falle stand in der Wohnung der eiserne Tisch, unter den man kroch, wenn man nicht in den Luftschutzkeller gehen wollte oder konnte; Litzy und Georg schliefen oft im Badezimmer, das keine Fenster hatte, die von den Druckwellen der Bomber zerbersten konnten. Meine Eltern haben mir ein ganzes Epos überliefert von dem stoischen Heldenmut, dem klaglosen Wegräumen der Trümmer, den gegenseitigen Ermutigungen, und die Bewunderung, die sie dafür empfanden, klang auch nach vielen Jahren noch in ihren Erzählungen nach und hat mein Englandbild für immer geprägt. Umso unverständlicher war und ist mir noch heute die Entscheidung Litzys und ihres Freundeskreises, in die sich Georg hatte hineinziehen lassen oder von der er doch wenigstens Kenntnis gehabt haben musste, dieses so bewunderte Land zu hintergehen und es für die Sowjetunion auszuspionieren. Sie haben mir diesen Widerspruch nie erklären können, später in ihrem DDR-Leben war das alles schon weit weg und lange vergangen, oder sie haben es einfach weit weggeschoben; ob sie sich dafür je schuldig gefühlt haben, habe ich nie erfahren.

Ende Mai 1941 hatte es den letzten großen Bombenangriff auf London gegeben, Hitler musste seine Invasionspläne für England endgültig aufgeben, und die Schlachtfelder verlagerten sich nach Nordafrika, auf den Balkan und an die sowjetische Front. Seit dem Überfall Deutschlands auf die Sowjetunion wuchs in England ein Gefühl der Solidarität mit den Russen, den neuen Alliierten, nun gab es den britisch-sowjetischen Vertrag über das gemeinsame Vorgehen gegen Deutschland. Der 25. Jahrestag der Sowjetarmee wurde in der Royal Albert Hall durch einen außerordentlich prunkvollen Festakt mit großem Chor und Orchester und Rezitationen der berühmtesten englischen Schauspieler, Laurence Olivier und John Gielgud, geehrt und gefeiert. Mit dieser neuen Allianz und unter dem Eindruck der Schlacht um Stalingrad gewann auch die Kommunistische Partei in Großbritannien nicht nur Sympathien, sondern auch so viele neue Mitglieder wie nie zuvor in ihrer Geschichte. Zu diesen neuen Mitgliedern gehörte Georg.

Außerdem besuchte er jetzt auch oft den Freien Deutschen Kulturbund, *Free German League of Culture*, der von deutschen und österreichischen Emigranten gegründet worden war, um die deutsche Kultur zu bewahren, der sie sich von den Nationalsozialisten beraubt sahen; sie veranstalteten Lesungen, Theateraufführungen, Ausstellungen, und eine deutschsprachige Bibliothek gab es in der Upper Park Road in Hampstead, wo sich der FDKB einquartierte, auch. Dort konnten die deutschen Emigranten ungeniert Deutsch sprechen, denn »draußen« auf der Straße sprachen sie es besser nicht, diese Sprache galt jetzt als barbarisch. Der Club wurde jedoch, im Unterschied zu anderen, vor allem jüdischen Emigranten-Organisationen, mehr und mehr von Kommunisten dominiert, und das entging auch dem MI5 nicht, der trotz oder wegen der Allianz mit der Sowjetunion die neue Sympathie für die Kommunisten und deren Aktivitäten genau beobachtete, wenn auch nicht genau genug, um herauszufinden, dass die echten Spione für die Sowjetunion sich nicht gerade in den offen kommunistischen Gruppen zeigten.»Mein Gott, wie naiv die Engländer waren«, sagte manchmal meine Mutter; sie wusste ja, wovon sie sprach.

Vielleicht aus ähnlichen Gründen wie im Lager in Kanada wurde Georg, dem ja keine kommunistische Vergangenheit nachgesagt werden konnte, zum Delegierten der Jahreskonferenz des Freien Deutschen Kulturbunds gewählt, zu dessen Abschluss die Delegierten Berichte und Solidaritätstelegramme an die Genossen nach Moskau schickten, unter denen sich auch Georgs Unterschrift findet, wie die *files* überliefern. An dieser Stelle schaltet das MI5 plötzlich eine Beschreibung seiner äußeren Erscheinung ein: das »ausländische Aussehen«, den »mediterranen Typ« und seine *prominent nose*.

Mit seiner *prominent nose*, seinem mediterranen Aussehen und dem doppelten »n« in seinem Namen – auch dem »Georg« hängte er während seiner englischen Jahre nicht etwa noch ein »e« an, das ihn zu George hätte werden lassen – war er als Deutscher und als Jude gekennzeichnet, und er trug diese Zeichen manchmal tapfer und stolz und manchmal resigniert und deprimiert; nein, seinen Namen hätte er nie geändert, und seine Herkunft war ihm ins Gesicht geschrieben. »Du lebst überall als ein *enemy alien* und immer im Exil«, schrieb er in einem seiner Briefe. Vielleicht erhoffte er ja, in der Kommunistischen Partei eine Gemeinschaft zu finden, in der man sich weder für seine *prominent nose* noch für das doppelte »n« in seinem Namen interessierte, in der er weder Jude noch Deutscher und noch weniger beides zusammen war, sondern einfach ein Mensch – »nichts ist ungeheurer als der Mensch«, hatte er doch bei Paulus Geheeb an der Odenwaldschule den Sophokles übersetzt.

Nach dem Krieg gründeten die zurückgekehrten kommunistischen Exilanten des *Free German League of Culture* in der sowjetischen Besatzungszone von Berlin den »Kulturbund zur demokratischen Erneuerung Deutschlands«. Die sowjetische Besatzungsbehörde hatte ihnen, so wie den Theaterleuten »Die Möwe«, dafür ein beschlagnahmtes neobarockes

Gebäude, einst ein nobler Herrenclub, in der Jägerstraße zur Verfügung gestellt. In diesen Clubs konnten die Rückkehrer nach Deutschland erst einmal unter sich bleiben. »Gesellschaftliches Leben in Kolonien, sie wissen, dass sie in Berlin sind, aber die Berliner sind so etwas wie Eingeborene für sie«, notierte Max Frisch in sein Tagebuch, als er kurz nach dem Krieg aus Zürich nach Berlin reiste. »Vergessen Sie nicht, es sind Deutsche!«, hatte ihm Brecht erklärt. In diesem Leben in Kolonien, in dem sie sich so fest zusammenschlossen, versuchten sie vielleicht die Sicherheit und Eindeutigkeit zu finden, die ihre Rückkehr nach Deutschland begründen musste.

Die Wende des Krieges war eingetreten, die Schlachten von Stalingrad und El Alamein gewonnen, die Alliierten waren in der Normandie gelandet. Georg wechselte zur Nachrichtenagentur Reuters und arbeitete dort bis zum Ende des Krieges als Chefredakteur des Europadienstes. Es gibt ein Foto von ihm, wie er da in der Redaktion sitzt, eine Zeitung vor sich, an der er mit Stift und Schere zu tun hat, hinter ihm sieht man eine mit Reißzwecken angeheftete Hitler-Karikatur, er ist sehr fesch angezogen, im Dreiteiler mit Fliege und eingestecktem Taschentuch, seine *prominent nose* ist tatsächlich nicht zu übersehen, er wirkt dünn, er wirkt klein, aber er wirkt selbstbewusst, und er trägt noch nicht den Schnurrbart, den er später immer trug.

Die *files* des MI5 berichten von Georg, er habe einen Aufnahmetest des ZK der Kommunistischen Partei bestanden,

»der ihn als künftigen Kader in den engeren Kreis derer aufnahm, die für eine kommende Machtübernahme nach Hitlers Niederlage vorgesehen waren«. Von Zeit zu Zeit sah Georg wohl in London noch einige seiner Verwandten aus Breslau und aus »Dammschtadd«, die in England Zuflucht gesucht und dort später ein neues Leben begonnen haben, wenn nicht sie selbst, dann wenigstens ihre Kinder. Manche von ihnen waren auf dem Weg nach Amerika, nach Südafrika oder nach Palästina, das hing davon ab, welches Visum für welches Land sie noch erhaschen konnten, und dass der Onkel Franz und Elise, seine Tante, schon in Theresienstadt umgekommen waren, wird Georg wohl damals noch nicht gewusst haben. Von den fünf Kindern des Großvaters David aus Breslau, die sich alle als echte Deutsche fühlten und es auch waren, sind zwei noch in hohem Alter als Juden deportiert worden, die anderen drei waren schon gestorben, und alle ihre Kinder waren nun auf der Suche nach einem Asyl in fremden Ländern. Das war das Ende der Judenemanzipation, sie hatte nicht einmal zwei Generationen überdauert.

Die Partei hatte beschlossen, dass Georg und Litzy nach Deutschland zurückkehren sollten, und zwar in die sowjetisch besetzte Zone, um den Russen zu helfen, dort auf den Trümmern des nationalsozialistischen Deutschland ein international eingebundenes, das hieß, ein an die Sowjetunion fest angebundenes sozialistisches System aufzubauen.

Der Kalte Krieg hatte begonnen.

Georg hat mir selbst einmal gesagt, »schon als ich bei Reuters war, habe ich für die Russen gearbeitet«. Also sei es folgerichtig gewesen, meinte er wohl damit, weiter für sie zu arbeiten. Er sagte, »schließlich hat Stalin gegen Hitler gekämpft und ihn besiegt«.

Und die Engländer, hatten die nicht gegen Hitler gekämpft und ihn besiegt?

Aber die Engländer kannte er ja, dort lebten normale Menschen, auch wenn sie einen immer wieder spüren ließen, dass sie sich für etwas Besonderes hielten. Russland hingegen kannte er überhaupt nicht, er hatte dieses Land nie gesehen, und die einzigen Russen, die er nach dem Krieg in Berlin kennenlernte und mit denen er im sowjetischen Pressebüro zusammenarbeitete, waren Juden wie er und verschwanden dann nach einigen Jahren zumeist im Gulag. Er habe einfach nicht gewusst, wieso sie plötzlich von ihren Posten verschwunden waren, erklärte er später.

Andererseits berichten die *files* vom MI5, das musste ihnen jemand zugetragen haben, dass Georg eigentlich gar nicht nach Deutschland zurückkehren wollte und dass es wieder Litzy war, die ihn dazu überredete: *When, after the war she announced, that they would go to the soviet sector of Berlin, he was obviously unwilling and held back. Litzy however insisted.* Auch viele von Litzys Freunden aus dem Wiener Kreis, sein Freund Martin aus Kanada und ihre beste Freundin Lotte, kehrten, von der Partei dazu aufgefordert, nach Österreich zurück, Wien war ja noch von den Russen besetzt.

Zu Beginn des Jahres 1946 stellte Georg den Antrag, nach Deutschland reisen zu können, und im April erhielt er von der britischen Militärbehörde ein »Permit«, das ihm die Einreise nach Deutschland ermöglichte, um dort in der britisch besetzten Zone einen Posten in der britischen Control Commission anzutreten. Er muss tatsächlich noch geschwankt haben, denn trotz Litzys Insistieren traf er sich, einmal in Berlin angekommen, zuerst mit Peter de Mendelssohn, seinem Kollegen vom *Exchange Telegraph*, der inzwischen dort ebenfalls in der britischen Control Commission arbeitete, und schmiedete mit ihm Pläne für die Zukunft, wie er selbst berichtet hat.

Er war ja kein sprachloser, stellungsloser Emigrant im fremden Land, seit langem lebte er schon in England, und genau wie Peter de Mendelssohn hätte er in London weiter für die Engländer arbeiten und ein interessantes Journalistenleben führen können; er hatte eine gute Stelle bei Reuters.

Unter Litzys Einfluss jedoch und dem Druck der Partei, die das so geplant hatte, lief er zu den Russen über und arbeitete für sie im Nachrichtenbüro der sowjetischen Militäradministration.

Nach fünfzehn Jahren Abwesenheit kam Georg ungefähr ein Jahr nach Kriegsende in die Ruinenstadt, die Berlin inzwischen war. Er war kein Berliner, aber er war zuletzt in der Redaktion der *Vossischen Zeitung* bei Ullstein in Berlin angestellt gewesen, als sein Chef ihn nach London schickte, nachdem er ihn gefragt hatte, ob er die englische Sprache beherrsche und er gelogen hatte. Berlin war die letzte deutsche Stadt, die er gesehen hatte. Das völlig zerbombte »Dammschtadd« der geliebten Großmutter, das ebenso zerbombte Gießen, wo sein Vater zuletzt Professor gewesen und gestorben war, und das noch verheerender zerstörte Breslau seines Großvaters und der ganzen väterlichen Familie hat er nicht auch noch sehen müssen. Georg und Litzy hatten sich entschlossen, in diesem zerstörten Land zu leben und es wieder aufzubauen. Von den vielen Ausgewanderten und Geflüchteten kehrten nur wenige zurück, vielleicht ein paar tausend, unter denen auch eine kleine Gruppe von Juden war wie Georg und Litzy und alle die, die sich an den Abenden nach der anstrengenden Aufbauarbeit in den Clubs wie der »Möwe« zusammenfanden.

War es noch der »naive Glaube an die Aufklärung«, den er doch seinem Breslauer Großvater angekreidet hat, der Georg nach Deutschland zurückkehren und auf eine Erlösung aus dem Dilemma des ewigen Zwischen-den-Stühlen-Sitzens hoffen ließ oder vielleicht auf einen neuen Anfang in einer sozialistischen Brüderlichkeit, die keine Besonderheiten mehr kennt, keine rassischen, keine religiösen und keine sozialen, und so vielleicht endlich die vollständige Assimilation ermöglichte, die in seiner Elterngeneration so dramatisch gescheitert war? Eine Ahnung von einer solchen brüderlichen Gemeinde hatte er vielleicht in dem kleinen Kreis der Londoner Exilanten und während der Internierung in Kanada erhalten, wo es zwar Fraktionen, aber keine Standesunterschiede gegeben hatte. Und möglicherweise wussten er und Litzy nicht oder wussten noch nicht, in welchem pharaonenhaften Machtgefüge sie von nun an nur noch ein winziges Schräubchen sein würden, in einer unberechenbaren Hierarchie, auf deren Stufenleiter jeder beliebig hinauf- und hinabfallen oder sich zu Tode stürzen konnte – aber irgendwo sollte ja ein Himmel sein.

Die Westemigranten waren viel zu lange von der Moskauer Parteizentrale abgeschnitten oder zumindest nicht völlig unter ihrer Kontrolle gewesen, deshalb mussten sie nun erst einmal auf Vordermann gebracht werden, und so wurde Georg gleich zu mehreren Parteischulungen delegiert, um dort unter der Anleitung von in Moskau geschulten Kadern die neuesten Werke von Stalin und Molotow durchzuarbeiten und sich mit dem Lebens- und Denkstil der Partei vertraut zu machen. In dieser Zeit muss die Affäre mit der spanischen Tänzerin stattgefunden haben, die ihm vielleicht die Schulungen hat versüßen können, obwohl ihn eine solche Affäre in Widerspruch zum kommunistischen Moralkodex brachte, der zwar vor langer Zeit einmal libertär gewesen, inzwischen aber auf moralische Sauberkeit und Anständigkeit umgeschwenkt war und entsprechendes Verhalten von den Parteimitgliedern verlangte. Litzy war zunächst noch in London geblieben, um zu warten, bis Georg eine Wohnung fand. Er fand sie schließlich in Weißensee, ganz in der Nähe der sowjetischen Militäradministration, für deren Nachrichtenagentur er nun arbeitete; so war das mit den Russen abgesprochen, die Engländer erwarteten ihn derweil vergeblich in Hamburg, die *files* des MI5 überschlagen sich in Spekulationen über sein Verschwinden.

Unter Kontrolle der sowjetischen Genossen der Militäradministration gab Georg dann schon bald, an die Ullstein-Zeitungen vor dem Krieg anknüpfend, erste Zeitungen heraus, die *Berliner Zeitung* und die *Berliner Zeitung am Mittag*, und baute die Deutsche Presse-Agentur auf. Die Genossen, mit denen er zusammenarbeitete, waren in der sowjetischen Armee als Kulturoffiziere eingesetzt und zumeist hochgebildete und polyglotte russische Juden, die man direkt nach oder auch noch während ihres Germanistik- oder Philosophiestudiums auf diese Posten in der Armee abkommandiert hatte.

Während des Krieges hatten sie deutsche Kriegsgefangene verhört, nach dem Krieg spielten sie bei den Verhandlungen mit deutschen Behörden eine große Rolle und bauten darüber hinaus in der sowjetisch besetzten Zone Strukturen für ein neues kulturelles Leben auf, wobei sie ehemalige Exilanten wie eben Georg als Chefredakteure und Intendanten einsetzten.»Kein einziger Name der deutschen Literatur und deutschen Philosophie, der ihnen unbekannt war – Gespräche über Stunden«, notierte Max Frisch über die Begegnung mit ihnen in seinem Berliner Tagebuch von 1947, ebenso beeindruckt wie Georg und Litzy. Doch die meisten von dieser Elite der sowjetischen Intelligenzija blieben nicht lange auf ihren Posten, sondern wurden schon bald wegen Kosmopolitismus oder Zionismus oder sonst einer Spionagetätigkeit angeklagt und in Lager und Verbannung geschickt, wenn sie nicht Selbstmord verübten. Georg und Litzy wussten nichts von ihren späteren Schicksalen oder wollten es nicht wissen, die Namen dieser Genossen, mit denen sie so eng zusammengearbeitet und die sie so beeindruckt hatten, tauchten jedenfalls immer nur in den Erzählungen aus der unmittelbaren Nachkriegszeit auf, danach galten sie als ebenso verschollen wie die Verwandten aus Breslau und »Dammschtadd«, von denen auch nur die Namen geblieben waren, Hans und Franz, Ernst, Emil, Hedwig und Antonia und Abraham und Pauline, die Ausgewanderten nach Amerika.

Georg und Litzy heirateten 1947, nachdem sie sich beide zuerst hatten scheiden lassen müssen, Georg von Ruth und Litzy von Kim Philby. Bald wurde ihr Kind geboren, das war ich, und gleichzeitig wurde Georg Chefredakteur der *BZ am Abend*, für deren erste Ausgabe vom 1. Juli 1949 er im Editorial schrieb: »Unser Blatt will eine Zeitung des neuen Menschen werden, der eine neue Zeit erstrebt und sie auch herbeiführen wird, das Zeitalter des Friedens und des Sozialismus.«

Georg und Litzy zogen dann aus der Wohnung in Weißensee in ein Haus nach Karolinenhof, einem Villenvorort Berlins schon weit im Grünen, an der Dahme gelegen. Da es ja keinen Wohnungsmarkt gab, hatten sie mit einer befreundeten Familie aus dem jüdischen Emigrantenkreis ihre Wohnung in Weißensee gegen das Haus im Grünen getauscht, Günther war aus der Emigration in Palästina zurückgekehrt, und Ilse hatte die Nazizeit und den Krieg in Berlin als »U-Boot« überstanden, sie waren nun auch Pressemenschen und Kollegen. Günther wird das eine oder andere Mal vielleicht von seinen Kibbuz-Erfahrungen in Palästina erzählt haben, diesem kommunistischen Experiment und gewaltlosen Versuch, eine wenn auch kleine Gesellschaft von Gleichheit und Gerechtigkeit zu organisieren. Georg aber wird das zu partikular, zu jüdisch und vielleicht auch zu ländlich gefunden haben, als dass dieses Pionier-Abenteuer je sein Interesse hätte wecken können.

Zu dem Haus in Karolinenhof gehörte ein großer Garten, eine Hausangestellte, von meiner Mutter wienerisch »Zugehfrau« genannt, die auch putzte und kochte, ein Kindermädchen, das im Haus wohnte, und ein Chauffeur, Herr Ebert, der bei der *Berliner Zeitung* angestellt war und von mir »Onkel Ebert« genannt wurde. Er brachte morgens meinen Vater in die Redaktion in Berlin-Mitte, setzte meine Mutter auf dem Weg im Pressebüro der SMAD, der sowjetischen Militäradministration, ab und fuhr abends beide wieder zurück, oft chauffierte er sie später auch noch ins Theater. Da sie ihre Tochter nicht viel sahen, ließen Georg und Litzy das Kindermädchen über den Tagesablauf des kleinen Mädchens Buch führen, was es aß und wie viel, dass es mit den Nachbarskindern Heidi und Petra spielte und wie sie alle zusammen mit dem Hund spazieren gingen und Stöckchen in den See warfen, der aber ein Fluss ist – die Dahme, und dass das kleine Mädchen abends noch Mammi und Pappi ein Küsschen geben konnte, bevor sie wieder aufbrachen, ins Theater oder zur Parteiversammlung. Georg und Litzy hatten ihr Kind, das ich war, spät in ihrem Leben bekommen und hatten sowohl die englische als auch die sowjetische Pädagogik verinnerlicht; das Kind gehört zum Kindermädchen beziehungsweise, nach Anton Semjonowitsch Makarenko, in die Pioniergruppe. Eigentlich führten sie dort draußen in dem Villenvorort von Berlin, in dem es keine größeren Zerstörungen gegeben hatte, ein ganz klassisches Leben der Bourgeoisie, jedenfalls äußerlich gesehen, nur dass sie ansonsten eine sozialistische Gesellschaft propagierten, von der sie nur sehr vage Vorstellungen haben konnten – »von neuen Menschen in einer neuen Zeit«, wie es Georg in seinem Editorial beschworen hatte.

Als Kommunist hätte sich Georg ja der Arbeiterklasse zugehörig, aus ihr stammen oder sich ihr wenigstens dauerhaft verbunden fühlen müssen, ich weiß aber nicht, wann er je Bekanntschaft mit einem Arbeiter gemacht hätte, und sowieso verachtete er immer noch alle, die Platon und Sophokles nicht im Orginal studiert hatten, aber wo wollte er das *kalos kai agathos*, das Gute und Schöne und auch Wahre, damals ausgerechnet in dem Nachnaziland finden? Er gab mir Gottfried Keller zu lesen und räumte die sowjetischen Kinderbücher vom Tisch, die meine Mutter aus der Kinderbibliothek mitgebracht hatte, ich sollte »Die Leute von Seldwyla« lesen, denn er blieb in seinem Herzen immer ein Bildungsbürger. Zu seiner Breslauer bildungsbürgerlichen Familie jedoch hatte er alle Beziehungen abgebrochen oder sie jedenfalls nicht gepflegt und erhalten, und in jedem Falle hatte nun der Eiserne Vorhang die Familie getrennt, sie waren füreinander gegenseitig in einem Diesseits und einem Jenseits verschollen. Hans und Franz, Ernst, Emil, Hedwig und Antonia und ihre Kinder bauten jenseits an einem neuen Leben in den fremden Ländern, und Georg erwartete diesseits die neue Brüderlichkeit, von der er zunächst nur wenig spüren konnte. Die deutschen Nachbarn und Kollegen beäugten die zurückgekehrten Emigranten voller Missgunst, ja Feindschaft, und unterstellten ihnen, sich »im Westen« ein gutes Leben geleistet zu haben, während sie die elenden schweren Kriegszeiten zu durchleiden hatten. Von den höheren Partei-Kadern, die aus Moskau zurückgekehrt waren und wussten, dass sie ihr Überleben dort einzig dem Zufall und der völligen Unterordnung unter die »Zentrale« zu verdanken hatten, zu deren Befehlsempfängern sie jetzt geworden waren, schlug ihnen ebenso großes Misstrauen entgegen, da sie sich nämlich in den westlichen Ländern des Exils vielleicht eine gewisse innere Freiheit bewahrt hatten. Von dieser letzten inneren Freiheit mussten sie gesäubert werden, und so zog nun eine Säuberungswelle die nächste nach sich, und in allen Ostblockstaaten wurden Prozesse gegen »Kosmopoliten, Zionisten und Agenten der amerikanischen Finanzoligarchie« inszeniert, in Bulgarien, in Ungarn, in Rumänien und schließlich in Prag, und sie trugen immer deutlicher einen antisemitischen Charakter. Es waren keine guten Zeiten für die jüdischen Rückkehrer, viele von ihnen verließen die DDR gleich wieder, kaum dass sie sich halbwegs eingerichtet hatten.

Die, die dablieben, wie Georg, mussten sich immer neuen Überprüfungen unterziehen und dafür einen Lebenslauf nach dem anderen schreiben, denn sie wurden pauschal als »feindliche und entartete Elemente« verdächtigt. In Georgs

Stasi-Akte häufen sich die Berichte der Nachbarn und Ortsparteigruppen-Mitglieder aus Karolinenhof, die ihn »westlicher Kleidung«, »überheblichen und arroganten Auftretens«, »Beherrschung der englischen Sprache in Wort und Schrift«, »reservierten Verhaltens«, »mangelnden Parteibewusstseins«, »Kontakten zu Ausländern« beschuldigten und sehr wahrscheinlicher Verbindungen mit dem amerikanischen Geheimdienst verdächtigten. Sogar in englischen Zeitungen wurde unter der Überschrift *Jews Days of Fear in East Berlin* von den »Säuberungen« berichtet, die die Westemigranten betrafen: *The clean up of East German Government was spread to include those who had lived part of their lifes in Western Europe.*

Die *files* des MI5 berichten dann von einem Ereignis, das Georg betraf, obwohl er doch schon einige Jahre gar nicht mehr in Großbritannien lebte, ein Ereignis, von dem ich nie etwas erfahren hatte, über das Georg und auch Litzy Schweigen bewahrt haben. Im Gegensatz zu all den anderen Erzählungen, von den »Dammschtädder« Ärzten und Bankiers, von der Odenwaldschule, dem Autofahren in Amerika, »Erzähl weiter, Pappi«, der Überfahrt nach Kanada und dem »Blitz«, hatte Georg nie von der Verhaftung gesprochen, die sowohl in den *files* als auch in den Stasi-Akten dokumentiert ist: 15.1.53 »Dr. H. in Ungnade«; 19.1.53 »Dr. H. beurlaubt«; 20.1.53 »Dr. H. verhaftet«; 23.1.53 »Ehepaar H. freigelassen«, meldeten auch verschiedene westdeutsche Zeitungen.

Sowohl in den *files* als auch in den Stasi-Akten folgt noch eine lange Reihe von Namen derer, die zur gleichen Zeit beurlaubt, entlassen, aus der Partei ausgeschlossen, kurzzeitig oder länger verhaftet wurden, Namen von Personen, die mir fast alle bekannt waren, die zu den Freunden meiner Eltern gehörten, aus den westeuropäischen oder amerikanischen Exilländern zurückgekehrt waren und sich in der »Möwe« oder in Bad Saarow trafen oder aber aus dem Weg gingen.

Georg habe sich kurz zuvor an eine Westberliner Stelle gewandt, steht da in der Stasi-Akte, um sich zu erkundigen, ob ihm im Westen wieder Beschäftigung und Asyl gewährt werden würde.

»Richte, liebes Kind, Dein Leben heute so ein, dass Du nicht später sagen wirst, oh, hätte ich doch damals – wie es sich Dein armer Vater immer wieder sagt.« An welche falschen Entscheidungen hatte er wohl gedacht, als er mir diese Sentenz in einem seiner Briefe aus einer viel späteren Zeit mitteilte?

In der Sowjetunion wurde gerade der Prozess gegen die jüdischen Ärzte vorbereitet, und aus der DDR flüchteten über fünfhundert Juden in den Westen. Georg und Litzy waren nicht dabei. Ich weiß nicht, was sie gehalten hat. Von diesen Ereignissen, den Säuberungen, Überprüfungen und der Angst vor Verhaftung und Verurteilung, wurde später nie mehr oder nur sehr selten und wenn, dann nur andeutungsweise gesprochen, auch noch in den viel späteren Jahren, als sich die Hoffnung auf die neue Brüderlichkeit in Enttäuschung und Resignation verflüchtigt hatte. In einem seiner

Briefe aus Bad Elster berichtete er in einer Art Bilanz von einem Besuch bei einem Künstler dort: »Der Mann hat sich in die Einsamkeit zurückgezogen, in ein kleines Haus mit einem verwunschenen Garten mit seltenen Blumen, den er selbst bestellt; ein Mensch äußerst gefasster Gemütslage, besinnlich in sich ruhend, dabei informiert. Man fragt sich, ob man nicht sein Leben völlig falsch eingerichtet hat.«

Hätte ich nicht besser in London bleiben sollen, warum bin ich zurückgekommen, wird er sich wohl gefragt haben, warum habe ich mich zur Kommunistischen Partei drängen lassen, wo ich doch nie über Hermann Hesse hinausgekommen bin.

Ich war damals ein Kind, das noch nicht zur Schule ging, und ich habe keine wirklichen Erinnerungen an die Zeit in dem Berliner Villenvorort an der Dahme. Um den 17. Juni 1953 müssen mich meine Eltern, wahrscheinlich aus Angst und Unruhe, mit dem Kindermädchen für einige Tage nach Bad Saarow in unser Ferienhaus geschickt haben, und als wir zurückkamen, herrschte ziemlich große Aufregung und Anspannung, an die ich mich erinnern kann. Die Eltern waren beide mitten am Tag zu Hause, das allein war schon außergewöhnlich, sie saßen an dem kleinen Tisch im Wohnzimmer über Eck vor der Schreibmaschine, Georg rauchte und tippte. Das Kindermädchen zog mich in die Küche, um etwas zu essen vorzubereiten, Heidi und Petra hatten sich vor dem Haus zu uns gesellt und standen in der Küche mit herum, dafür war offensichtlich die Haushälterin abhandengekommen, denn es herrschte große Unordnung in der Küche, und als wir den Küchenschrank öffneten, krabbelten in dem Käse Würmer, und wir schrien auf und ekelten uns. Es muss schon heiß gewesen sein in diesen Junitagen, einen Kühlschrank hatten wir noch nicht, wahrscheinlich gab es damals noch gar keine Kühlschränke in der DDR. Dafür hatten wir aber einen Plattenspieler, auf dem meine Eltern Platten von Ernst Busch und Paul Robeson hörten, »My Curly Headed Baby«. Die wollte ich Heidi und Petra vorspielen, aber Pappi und Mammi schmissen uns aus dem Wohnzimmer raus; und ich war beleidigt wegen des kühlen Empfangs meiner Eltern nach immerhin mehreren Tagen Abwesenheit und knallte die Tür zu, um mit Heidi und Petra dann eben im Kinderzimmer oder im Garten zu spielen, dabei klemmte ich mir den Daumen in der Tür ein und heulte, aber statt mich zu trösten, sprang mein Vater auf, schoss hinter mir her und gab mir die erste Backpfeife meines Lebens. So erinnere ich mich an den 17. Juni 1953.

Nach ihrer Rückkehr aus England hatten Georg und Litzy ein Haus in Bad Saarow am Scharmützelsee gepachtet, nicht ganz eine Villa, aber auch nicht bloß ein kleines Häuschen, mit einer Terrasse zum See und einem großen Garten mit Obstbäumen, das Haus aber stand unter hohen Kiefern, vor der Haustür schaukelte ich in großem Schwung.

Dieser Ort in der märkischen Landschaft der vielen Seen, nicht allzu weit von Berlin, war schon in den zwanziger Jahren ein Erholungsort für Berliner Künstler und die UFA-Prominenz gewesen, darunter viele Juden, die dort Wochenendvillen besaßen; keine wirkliche Künstlerkolonie, aber doch eine Ansammlung von Leuten, die sich alle mehr oder weniger aus dem Berliner Kulturleben kannten und sich deshalb dort am See oder in den pilzreichen Wäldern treffen oder aus dem Weg gehen konnten. Die jüdischen Villenbesitzer waren während der Nazizeit geflohen, in ihre Villen waren Naziprominenz und auch eine SS-Kommandantur eingezogen, und in den nahen Rauenschen Bergen war ein Außenlager des KZs Sachsenhausen eingerichtet worden, in dem einige tausend Häftlinge Zwangsarbeit für die Rüstung verrichteten, im Steinbruch, in der Ziegelei.

Die Russen befreiten Bad Saarow im April 1945 nach einer für beide Seiten sehr verlustreichen Kesselschlacht, an die mein Vater immer wieder erinnerte, wenn wir in den sich idyllisch dahinziehenden Rauenschen Bergen spazierten und Pilze suchten oder Brombeeren pflückten, »wie viele Leichen noch immer hier liegen mögen«, vergaß er nie zu sagen und fügte oft hinzu, dass sein Bruder Heinrich ja auch in irgendeiner französischen Erde liege, weiß Gott wo, und er, Georg, überhaupt der einzige deutsche Mann in diesem Jahrhundert sei, der nie eine Uniform getragen habe.

Statt der Vorkriegs-UFA- und der Nazi-Prominenz zog nach dem verlorenen Krieg die neue antifaschistische Prominenz in die Villen ein, die sich nun dort beim Spazierengehen unter den Birken und Kiefern und am See treffen oder aus dem Weg gehen konnte. Auch der neue Kulturminister Johannes R. Becher, der aus der Sowjetunion zurückgekehrt war, hatte dort ein Haus und sein Segelboot am See liegen, hauptsächlich waren es aber doch Rückkehrer aus westlichen Ländern des Exils, jedenfalls die, die meine Eltern dort kannten. Ein altes Gutshaus, später ein Sanatorium, der »Eibenhof«, war von den Russen beschlagnahmt und dem Kulturbund als Erholungsheim geschenkt worden, da konnten die Berliner Künstler ein langes Wochenende zur Erholung verbringen oder, wenn sie Schriftsteller waren, wie Anna Seghers, sich ein paar Wochen zum Schreiben zurückziehen; Feste wurden natürlich auch gefeiert, es trafen sich ungefähr dieselben »Kulturschaffenden« wie an den Silvester-

Abenden in der »Möwe«. Mein Vater nannte sie die »Kulturaffen«.

Nach der Scheidung meiner Eltern im Jahr 1956, ich war gerade eingeschult worden, übernahm Georg das Grundstück und das Haus mit der Schauspielerin, und unsere letzte Begegnung zu dritt fand auch dort statt, nachdem ich gerade jugendgeweiht worden war. Ich glaube, meine Mutter hatte das Haus und den Garten sowieso nicht so sehr gemocht, sie war eine Großstädterin und traf sich mit ihren Freundinnen lieber in einem Café oder Restaurant in der Stadt, im Café »Moskau« zum Beispiel, statt mit ihnen im Wald spazieren zu gehen.

Mein Vater aber als ehemaliger Odenwaldschüler und die Schauspielerin, die auch der hessischen Heimat nachtrauerte, liebten das Land und den Wald, wir verbrachten in dem Haus am See in Bad Saarow viele Wochenenden und auch Ferientage zusammen, wenn die Schauspielerin keine Vorstellungen oder andere Auftritte hatte; manchmal nahm ich eine Freundin mit hinaus, und manchmal kamen auch die Eltern der Schauspielerin zu Besuch; ihr Vater brachte eine Angel mit, stellte sich auf den Steg am See und angelte, und ich stellte mich zu ihm und angelte auch, denn er hatte mir eine kleine Angel geschenkt, und der Hund sprang um uns herum und vertrieb angeblich die Fische. Wir badeten im See oder fuhren im Schlauchboot, nahmen sogar den Hund mit, der verhältnismäßig ruhig auf dem Rand sitzen blieb, wenn er nicht gerade ins Wasser sprang und hinter uns herplatschte, wir gingen viel spazieren und kletterten zwischen den Findlingen herum, die in den Rauenschen Bergen liegen, die Schauspielerin erzählte dabei vom Theater und vom Theaterleben, und an den Abenden spielten wir Rommé oder Stadt-Land-Fluss oder Ratespiele, oder wir saßen auf der Terrasse zum See oder auf dem Steg und plantschten mit den Füßen im Wasser, während die Schauspielerin sang, aber nicht die Lieder aus ihrem Repertoire, sondern andere, wir summten dazu, und mein Vater sagte Gedichte auf oder erzählte griechische Göttersagen und hielt dabei meine Hand, und wir betrachteten die Sterne und Sternbilder, und er benannte sie, Großer Wagen, Kleiner Wagen, Orion. Es war wahrscheinlich die beste Zeit ihrer Ehe, und so hat es mir die Schauspielerin auch in einem langen Brief nach Georgs Tod geschrieben, dass »die Jahre mit Dir und Deinem Vater, bis auf die letzten schlimmen Zerwürfnisse, die schönsten, glücklichsten und erfülltesten meines Lebens waren. Die Zärtlichkeit zwischen euch beiden, unsere Wanderungen, unser ewiges Rufen nach dem Hund, die Schaukel im Garten und die schwarzen Johannisbeeren am Strauch sind mir die kostbarsten Erinnerungen«.

Das jenseitige Ufer des Sees war abgesperrt, streng bewacht und unbetretbar, dort lagen die Garnison und das zentrale Militärlazarett der sowjetischen Armee, in den beschlagnahmten Villen darum herum wohnten sowjetische Offiziere. Jeden Morgen, ziemlich früh, schallten über den See sowjetische Militärmärsche und russische Losungen vom

Morgenappell der Truppe herüber, von der man jedoch nie jemanden sah, keine Offiziere und keine Soldaten, sie lebten dort am anderen Ufer wie auf einem anderen Stern.

Das diesseitige Ufer dagegen war von der antifaschistischen Kolonie besetzt, zu der meine Eltern gehörten, und wie in echten Kolonien gab es eine deutliche Hierarchie zwischen uns und den »Eingeborenen«. Die Eingeborenen wohnten und arbeiteten dort, waren Bauern, Gärtner, Dienstboten oder sonstige »normale« Menschen, die da lebten und ihre Häuser nicht nur zum Wochenende in Besitz nahmen; meine Eltern sahen sie alle als Nazis, Mitläufer oder im besten Falle einfältige Menschen an. Die gegenseitige Ablehnung war deutlich zu spüren, auch für das Kind, das ich war, die »Eingeborenen« trauerten ihren früheren Prominenten nach, Max Schmeling, dem berühmten Boxweltmeister, und Käthe Dorsch, der berühmten Schauspielerin, und anderen Berühmtheiten, die die schönen Villen verlassen hatten, in die jetzt Kommunisten, also in ihren Augen mehr oder weniger Russen, und dazu meist noch Juden eingezogen waren. Für sie waren sie als Sieger weiß Gott woher aufgetaucht, und deshalb hörten sie auch nicht auf, ihnen von ihren schrecklichen schweren Schicksalen während des Krieges hier in Deutschland unter den Bomben zu klagen. »Alle anderen waren an allem schuld – nur sie selbst nicht«, stöhnte Georg.

Aber als Kommunist, der er nun war, musste er sich »den Deutschen«, Nazis, Mitläufern und einfältigen Menschen, jetzt stellen, das hatte die Partei so beschlossen, er sollte sie jetzt zu neuen Menschen für eine neue Zeit formen. Der Rest seiner Breslauer und »Dammschtädder« Familie, mit Ausnahme von Andreas, hat wie so viele andere geflohene und vertriebene Juden auf die Wiederbegegnung mit den deutschen Landsleuten nach dem Ende des Kriegs ein für alle Male verzichtet. Als treuer und nun auch ein bisschen geschulter Kommunist musste er außerdem noch das im ehemaligen KZ-Außenlager eingerichtete Sowjetlager ignorieren, von dem aus Hunderte von Häftlingen nach Sibirien deportiert wurden. Und der ab und zu ansegelnde Johannes R. Becher wird wohl beim Tee auf der Terrasse auch lieber über die in Moskau verschwundenen Kommunisten geschwiegen und selbst nicht verstanden haben, wie er dort überlebt hatte. Es muss da unter den Birken und Kiefern des märkischen Ortes am See eine merkwürdige Stimmung von Revanche und Trotz und Schweigen geherrscht haben; sogar das Kind, das ich war, spürte es. Gehässigkeit und Unterwürfigkeit auf der einen Seite und übertriebenes Zusammengehörigkeitsgefühl auf der anderen.

Einer aus dem Kreis der ehemaligen Emigranten fiel allerdings schon wegen seines märchenhaft klingenden Namens aus dem Rahmen, Wolfgang Gans Edler Herr zu Putlitz. Er stammte aus einem alten märkischen Adelsgeschlecht und soll behauptet haben, dass, gemessen am Alter seines Geschlechts, die Hohenzollern reine Parvenüs gewesen seien. Wir besuchten ihn manchmal in seinem Haus und gingen dann zusammen über die märkischen Sandwege zwischen den Kiefern, Georg und er kannten sich nämlich schon aus England, diese Bekanntschaft ist auch in den *files* des MI5 vermerkt, der Gans Edle Herr wird da Baron genannt. Er hatte als Konsul an der deutschen Botschaft in London und Mitglied der NSDAP dem britischen Geheimdienst wichtige Nachrichten über die militärischen Pläne Nazi-Deutschlands zukommen lassen. Die Gestapo war ihm bald auf der Spur gewesen, nach einer Flucht durch mehrere Länder war er schließlich ganz zu den Briten übergelaufen und hatte ihre Streitkräfte durch seine Mitarbeit am englischen Soldatensender Calais unterstützt, der, als deutscher Frontsender getarnt, englische Propaganda *undercover* unter die Frontmeldungen mischte – die Stimme des märkischen Junkers klang natürlich besonders glaubhaft. Nach dem Krieg wurde er englischer Staatsbürger, trat bei den Nürnberger Prozessen als Zeuge der Anklage auf und sagte gegen seine ehemaligen Kollegen vom Auswärtigen Amt des Dritten Reiches aus. Genau wie Georg setzte er sich später von der britischen Besatzungszone in die sowjetisch besetzte Zone ab und bot den Russen seine Mitarbeit an, die ihn wahrscheinlich schon in der Zeit in London angeworben hatten. In der sowjetisch besetzten Zone jedoch lag ja seine märkische Heimat, und obwohl seine Familie ihrer Güter enteignet worden war, blieb ihm die große Villa in Bad Saarow. Er arbeitete für die DDR im Außenministerium und in verschiedenen Verlagen und blieb den Genossen immer suspekt, als ehemaliger britischer Geheimdienstmitarbeiter, als geborener »Junker«, als sprachgewandter Kosmopolit und nicht zuletzt als Homosexueller. Georg und er hatten sich wahrscheinlich viel zu erzählen, der »Ganz« – wie ich immer falsch verstand – Edle Herr zog sich mit den Jahren mehr und mehr auf sein Saarower Anwesen zurück. Bei den Spaziergängen gingen sie dann meist in angeregtem Gespräch vorneweg, der kleine Dunkle mit dem »ausländischen« Aussehen auf seinen »krummen Judenbeinchen«, wie Georg gerne scherzte, und der große blonde »Ganz« Edle Herr, der Georg um zwei Köpfe überragte. Die Schauspielerin, ich und der Hund liefen meist hinterher, sie erzählte mir den Inhalt des Stückes, das sie gerade probte, oder wir spielten »Ich packe meinen Koffer und nehme mit...«

Vier Jahre nur blieb Georg Chefredakteur der *BZ am Abend*, bereits 1953 wurde er seines Amtes enthoben, die Ehe mit Litzy hielt auch nicht mehr lange, schon wenige Jahre später ließen sich meine Eltern scheiden. Georg, um mit der Schauspielerin, und Litzy, um mit einem anderen Mann zusammenzuleben. Beide hatten sich ungefähr zur gleichen Zeit in neue, leidenschaftliche Liebesaffären gestürzt, wegen denen sie sich dann trennten, beide fanden in diesen neuen Verbindungen kein Glück, und sie gingen später auch ungefähr zur gleichen Zeit wieder auseinander. Nach der Scheidung zog ich mit meiner Mutter und ihrem neuen Mann aus dem Haus in Karolinenhof in eine kleinere Wohnung, die sie wieder mit Freunden aus der englischen Emigration tauschte, und mein Vater zog zu der Schauspielerin ins Hugenottenviertel hinter der Friedrichstraße. Während der folgenden Jahre hatte ich sozusagen vier Eltern und zwei verschiedene Leben, unter der Woche bei meiner Mutter und ihrem Mann, den ich Onkel nannte, mein Leben in der Schule und mit meinen Schulfreundinnen, und am Wochenende bei meinem Vater und seiner neuen Frau, der Schauspielerin, die ich bei ihrem Vornamen Gisela nannte, mein Leben als begleitendes Theaterkind. Wir trafen uns in diesen Jahren alle fünf ziemlich oft zu verschiedenen Anlässen, einer Feierlichkeit oder einfach einem Essen, eine Zeit lang verlief alles friedlich und es schien, als seien alle miteinander Freund.

Die Freundschaft der Frauen, meiner Mutter und Gisela, überlebte den Bruch beider Ehen, und ich war in diese Freundschaft immer einbezogen, während »wir Männer« das nicht zustande brachten, denn der »Onkel« verschwand nach der Trennung von Litzy auf Nimmerwiedersehen aus unserem Leben, und Georg ertrug und tolerierte die anhaltende Freundschaft zwischen uns Frauen nur schwer.

Georg hatte Gisela bei seiner neuen Arbeit als Produzent der Kurzfilmreihe »Das Stacheltier« kennengelernt, auf diesen Posten hatte ihn die Partei nun beordert. Mit satirischen Kurzfilmen, in denen ein bisschen an DDR-Unzulänglichkeiten herumgestichelt wurde, sollte versucht werden, die schlechte Stimmung nach dem Aufstand des 17. Juni abzuleiten. Georg wurde also zum Filmmenschen, vielleicht machte ihm das sogar Spaß, und er hoffte auf echte Satire in der Tradition Tucholskys – der im übrigen in den dreißiger Jahren in der *Weltbühne* auch über die Pariser »Apachen« geschrieben hatte – und nach dessen Definition »Satire darf alles«. Aber das war natürlich sehr naiv, denn jeder der Stacheltier-Filme musste in jedem Stadium der Entstehung erst von zahlreichen Behörden genehmigt und später »abgenommen« werden. Trotzdem konnte Georg für diese Kurzfilme eines sozusagen lustigen sozialistischen Realismus bekannte Regisseure,

Autoren und Schauspieler gewinnen, denen das auch irgendwie Spaß machte, Schauspieler von der »Scala«, die gerade aus Wien nach Berlin übergesiedelt waren, den jungen Manfred Krug, Jurek Becker und Heinar Kipphardt als Autoren und Benno Besson und Frank Beyer als Regisseure und eben auch Gisela und viele schon bekannte Schauspieler von den Berliner Theatern, die sich dafür nicht zu schade waren und wie Georg auf Witz, Humor und Satire hofften, wenn auch nur im erlaubten Rahmen. Auch ich spielte manchmal in den Filmen mit, wenn Kinderrollen zu besetzen waren, mir gefiel die chaotische, immer irgendwie aufgeregte Atmosphäre am »Dreh«, und ich hätte auch gerne Heidi und Petra Rollen verschafft, aber so viele Kinderrollen gab es nicht zu besetzen. So begegnete ich Gisela zuerst als Schauspielerkollegin, bevor sie die nächste Frau meines Vaters wurde. Er war dreiundfünfzig und sie war dreißig und ich war sieben Jahre alt.

Das erste Mal, dass ich Gisela als Sängerin erlebte, war zur Feier des 40. Jahrestages der Oktoberrevolution in der Werner-Seelenbinder-Halle, das war eine riesige Sporthalle mitten im Gelände des Berliner Zentralviehhofes, die auch für Propaganda-Massenveranstaltungen genutzt wurde. Für die künstlerische Umrahmung war Hanns Eisler zuständig, der die Schauspielerin gerade in einem seiner Brecht-Programme hatte auftreten lassen, und nun sang sie in der Riesenhalle »Ohne Kapitalisten geht es besser«, und er begleitete sie am

Klavier. Es muss ein Samstag gewesen sein, denn ich saß mit meinem Vater im Publikum, in der Loge; sie hatte kein Kostüm an, wie als Eboli im »Don Carlos« oder als Regan im »König Lear«, deshalb hatte sie uns vorher schon den ganzen Samstagnachmittag zu Hause verrückt gemacht, was sie denn für diesen Auftritt anziehen sollte, alle ihre Kleider und Blusen und Röcke aus den Schränken geholt, durcheinander gewirbelt und übers Bett und die Tische verteilt, und welche Schuhe und welche Ohrringe. Wir schauten dem Herumwühlen in den Kleidern hilflos zu, ich glaube, zu dieser Zeit war mein Vater noch gar nicht lange bei ihr eingezogen und ich keine zehn Jahre alt. Ich hatte gerade in einem Heft geblättert, das dort herumlag, *Das Magazin*, darin war eine Fotoreportage über die französische Schauspielerin Pascale Petit, die da im Saint-Germain-des-Prés-Stil zu sehen war, schwarzer Rollkragenpullover, schwarze enge Hosen, alles ganz in Schwarz, das fand ich toll, und ich zeigte Gisela die Fotos und schlug ihr vor, sich doch nach dieser Pariser Existentialisten-Mode, so stand es im *Magazin*, anzuziehen, Pascale Petit sei doch auch eine bekannte Schauspielerin. Da wusste ich natürlich noch nicht, dass man eine Schauspielerin nicht mit einer anderen Schauspielerin vergleichen darf, schon gar nicht, wenn die andere im Moment noch ein bisschen bekannter oder berühmter ist, und dass Kolleginnen immer Rivalinnen sind und es sogar bleiben, wenn sie zu Freundinnen werden. Es gab dann einen großen Krach, weil es frech gewesen sei, was ich da gesagt hatte – die dumme Pariser Pute und die dumme Pariser Existentialisten-Mode überhaupt zu erwähnen; da entdeckte ich also ihre Eitelkeit und ihre Angreifbarkeit. Mein Vater ergriff dazu noch ihre Partei und strafte mich mit wütenden Blicken, wahrscheinlich weil schon genug Spannung wegen des Auftritts in der Werner-Seelenbinder-Halle in der Luft lag, denn es war das erste Mal, dass sie als Solistin auf einer Bühne und noch dazu bei einer so wichtigen Veranstaltung auftreten sollte. Mein Vater warf das *Magazin* in den Papierkorb, und Gisela wählte einen weiten bunten Glockenrock mit einem sehr breiten Gürtel, der die schmale Taille hervorheben sollte, und ein dekolletiertes, eng anliegendes Oberteil und große Klunker als Ohrringe, genau das Gegenteil von Pascale Petit, und dann mussten wir auch schon losstürzen, denn Hanns Eisler rief an, das Lied müsse vorher noch einmal geprobt werden, es war nämlich noch eine Strophe dazugekommen, die hatte der Dichter Kuba, das war einer der Staatsdichter der DDR, gerade noch zu Ehren des zweiten Sputniks gedichtet, den die Sowjetunion in der Nacht zuvor, einen Monat nach dem ersten Sputnik, in den Weltraum geschossen hatte. Mit den Zeilen »Zwei liebevolle Schwestern sind Moskau und Berlin« fing das originale Lied an, dann kam »Ohne Kapitalisten geht es besser«, und nun wurden noch die Sputniks dazugedichtet, »zwei stramme Sowjetsterne«. Was es damit auf sich hatte und was für ein weltbewegendes großes Ereignis das sei, erklärte mir mein Vater im Wartburg, während wir zur Werner-Seelenbinder-Halle fuhren, aber auf die Frage, was aus der

Hündin Laika würde, die nun, in den zweiten Sputnik eingeschlossen, im Weltraum kreiste, hatte er natürlich keine Antwort.

Hanns Eisler, der Schönberg-Schüler, hatte in die Komposition ein paar moderne Töne eingeschmuggelt und begleitete die Schauspielerin eigenhändig auf dem Klavier, nach langen Reden von, ich glaube, Walter Ulbricht und anderen Zentralkomitee-Mitgliedern der Partei. Ich langweilte mich in der überheizten Halle in unserer Loge zu Tode, mein Vater ließ sich nicht anmerken, wie er das alles fand – die im Takt klatschende jubelnde Masse, das Pathos und auch das Dekolleté der Schauspielerin. Es war jetzt zehn Jahre her, dass er wieder nach Deutschland zurückgekehrt war, genau wie Hanns Eisler und der Staatsdichter Kuba, die beide auch aus der Emigration zurückgekommen waren.

Nach den Feierlichkeiten und dem Auftritt fuhren wir in unserem Wartburg in die »Möwe«, Hanns Eisler und seine Frau Steffi kamen auch mit, sie ließen sich von ihrem Chauffeur hinbringen. Ich glaube, die Veranstaltung hatte am Nachmittag stattgefunden, denn wir aßen Kuchen, und Eisler spendierte mir einen riesigen Eisbecher mit Schlagsahne, den ich auslöffelte, während die Erwachsenen jetzt plötzlich über die Veranstaltung witzelten, gleichzeitig überschütteten sie die Schauspielerin mit Komplimenten, und da kriegte ich noch einen bösen Blick von ihr zugeworfen, weil ich vorher Pascale Petit und die Pariser Existentialisten-Mode erwähnt hatte – da siehst du, »ohne Kapitalisten geht es besser«; ich dachte wieder an die Hündin Laika, die mir leid tat, und an unseren Hund, mit dem ich im Haus meiner Mutter lebte, bei Gisela gab es ja nur die Katzen. In der »Möwe« entspannten sich nun alle, ich bei meinem Eisbecher, mein Vater und die anderen, indem sie viele Kaffees tranken und Eisler noch zusätzlich ziemlich viel Schnaps. Er hatte in den letzten Zeiten viel Ärger gehabt und eine ganze Formalismus-Debatte ausgelöst wegen seiner Faustus-Oper, vielleicht wollte er sich mit »Ohne Kapitalisten geht es besser« davon freikaufen oder wenigstens zeigen, wie fest er auf der Seite der Partei stand, der er im übrigen nie angehörte. Bald darauf begann er, mit Gisela die Aufnahmen für die Platte mit den Liedern zu »Schwejk im Zweiten Weltkrieg« zu proben, die er nach Brechts Tod zu dessen Theaterstück komponiert hatte: »Es wechseln die Zeiten – das Große bleibt groß nicht, und klein nicht das Kleine.«

Auf dem Nachhauseweg ins Hugenottenviertel bemerkte mein Vater noch zu mir, darauf kannst du dir was einbilden, dass er dir so einen riesigen Eisbecher spendiert hat – sonst ist der Herr Komponist nicht so spendabel, sonst ist er sogar ziemlich knickrig.

Das Hugenottenviertel, es sind nur einige Häuserblocks, liegt ruhig und grün und schattig mitten im Stadtzentrum, ein bisschen zurückgezogen von der Friedrichstraße. Der Große Kurfürst hatte das Terrain einst den hugenottischen Flüchtlingen zur Verfügung gestellt, so wie die Russen die »Möwe«

und die anderen Clubs den zurückgekehrten Flüchtlingen aus den verschiedenen Ländern nach dem Zweiten Weltkrieg. Noch heute stehen da einige Maulbeerbäume aus der Zeit, als die Hugenotten dort Seidenraupen züchteten. Es war auch so ein Ort, an dem sich, ähnlich wie in Bad Saarow und in den Clubs der »Kulturaffen«, wie mein Vater sie nannte, wieder ungefähr dieselben Leute treffen oder aus dem Weg gehen konnten. Eine Anzahl ehemaliger Emigranten lebte dort, so John Hartfield und Wieland Herzfelde, Giselas und Georgs Nachbarin war Elisabeth Hauptmann, und eine Etage darüber wohnte John Peet, den Georg noch aus England kannte, wie auch dem MI5 nicht entgangen ist, das schon ihre Bekanntschaft in London und ihre Nähe zu den Kommunisten festgehalten hat. John war kein Emigrant, sondern kam aus einer echten englischen Quäkerfamilie. Er hatte zuerst in Spanien gekämpft, bevor er Kommunist wurde und für die Russen – vielleicht nicht wirklich spionierte, aber ihnen doch Nachrichten beschaffte, deshalb landete er nach dem Krieg folgerichtig in der DDR und gab dort das englischsprachige Blättchen *Democratic German Report*, heraus, das dazu beitragen sollte, der DDR in der westlichen Welt Anerkennung zu verschaffen. An den Wochenenden gingen wir manchmal zu ihm hoch, zu ihm und seiner Frau, einer bulgarischen Jüdin, die aus Ravensbrück befreit worden und danach in Berlin hängengeblieben war, und spielten meistens Monopoly, das originale Monopolyspiel, bei dem man die Londoner Straßen und Bahnhöfe kauft – Fleet Street,

Oxford Street und Mayfair, Victoria Station und Kings Cross Station.

Die Wohnung von Georg und Gisela war ganz nach Giselas Geschmack eingerichtet, unaufwendig, praktisch an einer Bauhaus-Moderne ausgerichtet, man könnte sagen, »brechtisch«. Die Einrichtung spielte sowieso keine Rolle, Heim und Haus waren nicht wichtig, nur das Theater war wichtig. Von den »Stacheltier«-Produktionen erzählte Georg Anekdoten, aber er sprach auch mehr und mehr von den Schwierigkeiten mit den Parteibehörden, die sich häuften, denn offensichtlich erfüllten die Filme nicht immer die gewünschten Kriterien, »die Gewissheit der Überwindung des Negativen und der unerschütterliche Glaube an das Neue, die in jedem Kurzfilm in Erscheinung treten müssen«. So wurde es nämlich gefordert.

Es gab die Katzen und eine Haushälterin, die ich Tante Hedwig nannte und die Gisela mit »Gnä' Frau« und meinen Vater mit »Herr Doktor« ansprach, das Mittagessen kochte und auftrug und mir Sahnebonbons aus dem Westen mitbrachte. An den Nachmittagen hörte ich manchmal Gisela beim Textlernen ab, nachdem sie mir ausführlich das Stück nacherzählt und mich auf die Striche im Textbuch hingewiesen hatte, oder wir sahen Programmhefte und die Fotoalben mit Szenenfotos der verschiedenen Stücke an, in denen sie schon gespielt hatte. Manchmal erledigte ich sogar Sekretärinnen-Aufgaben, öffnete die »Fanpost«, legte die beigefügten Fotos zum Unterschreiben in eine Reihe und tütete danach die Fotos mit ihrem Autogramm wieder in die Kuverts und klebte sie zu. Die Katzen schnurrten um uns herum, mein Vater rauchte dazu seine Pfeife. Wenn Gisela über Kolleginnen herzog, ergriffen wir natürlich immer ihre Partei gegen die Kolleginnen, die eben doch mehr Rivalinnen waren. Freunde hatten Georg und Gisela eigentlich nicht, es gab nur diesen nachbarschaftlichen Kreis, die Hauptmann, Peets und Hanns Eisler, mit dem Gisela probte, und die anderen Theater- und Kulturmenschen in der Kantine und in der »Möwe«, die mein Vater dann schließlich alle genauso verließ, wie er Gisela verließ und ihre Wohnung und die Katzen.

Wegen der »Stacheltiere« gab es allmählich immer mehr Ärger, manche der Filme wurden verboten, und Georg als Produktionsleiter wurde zurechtgewiesen und musste sich verantworten, es drohten »Disziplinierungsmaßnahmen«. Nach dem Bau der Mauer 1961 hielten das ZK der Partei und ihre Agitationsabteilungen die Ventilfunktion nicht mehr für nötig, und die ganze Stacheltier-Filmreihe, bei der die Leute immerhin sieben Minuten lang etwas zu lachen gehabt hatten und die deshalb allgemein beliebt war, wurde beendet, Georg gefeuert.

Gisela wechselte ans Berliner Ensemble, sang an der Staatsoper die Anna in den »Sieben Todsünden der Kleinbürger«, nahm Schallplatten auf und ging auf lange Tourneen, sie brachte uns ihre Westgeschenke mit und feierte immer größere Erfolge. Georg und Gisela hatten nun auch zwei Autos, Georg fuhr das Wartburg-Cabriolet, und Gisela fuhr jetzt das geschlossene Modell. Nach Ilmenau, am Tag meiner Jugendweihe, fuhren wir noch einmal alle drei zusammen im offenen Cabriolet.

Dann begann jedoch schon die Zeit, als sie sich betrogen und bekriegten, und bald darauf zog Georg in das möblierte Zimmer in Hirschgarten und versuchte sich als nun schon Sechzigjähriger während ein, zwei Jahren als freischaffender Autor mit einer monatlichen politisch-satirischen Sendung im DDR-Fernsehen, für die ich mich, wie er mir damals vorwarf, nicht genug interessierte, aber es gab jetzt die Beatles- und Rolling Stones-Musik, mit der seine angestrengt politisch-satirischen DDR-Fernsehsendungen für das vierzehnjährige Mädchen, das ich inzwischen war, nicht konkurrieren konnten. »Wir Männer« fingen ganz langsam an, verschiedene Wege zu gehen, und auch das tolerierte und ertrug er nur schwer.

Bad Saarow war der Ort, an dem wir uns zum letzten Mal zu dritt zusammenfanden, mein Vater, die Schauspielerin und ich.

Als alles zu Ende ging und die Ehe zerbrach, bevor er die gemeinsame Wohnung im Hugenottenviertel verließ und in das möblierte Zimmer in Hirschgarten zog, war er zuerst in das Haus in Bad Saarow geflüchtet.

Ich hatte das Ende überhaupt nicht kommen gesehen, denn an den Wochenenden, die ich bei ihnen im Hugenottenviertel verbrachte, gab es keine Streitereien oder hässliche

Szenen, Gisela war des öfteren nicht da, und wir wurden von der Haushälterin versorgt, aber daran fiel mir nichts auf, denn sie fuhr ja nun oft zu Gastspielen. Wahrscheinlich haben sie sich vor dem Kind, das ich war und das kurz vor seiner »Jugendweihe« stand, einen Waffenstillstand auferlegt und ihre Zerwürfnisse und Verletzungen verborgen, und vielleicht gaben ihnen diese anderthalb Tage mit dem Kind auch eine Atempause, in der sie sogar Hoffnung auf einen echten Frieden schöpften.

An einem Samstag jedoch holte mich statt meines Vaters Gisela von der Schule ab und fuhr mit mir in ihrem Wartburg die vertraute Strecke, an der ich jeden Baum, jede Kreuzung, jede Tankstelle kannte, genauso wie die Funktürme von Königswusterhausen, erst über die Autobahn, dann über die Landstraße und schließlich über das holprige Kopfsteinpflaster der Popitzstraße bis vor unser Haus in Bad Saarow. Sie hatte während der Fahrt zu mir gesagt, du musst deinen Vater wieder versöhnen, du musst deinen Vater zurückholen, und ich wusste gar nicht, warum ich ihn versöhnen sollte und was eigentlich geschehen war, dass ich ihn zurückholen sollte, wohin. Die Schauspielerin ließ mich aus dem Auto aussteigen, sie blieb am Steuer sitzen und weinte, ich hatte sie, außer auf der Bühne, noch nie weinen gesehen. Mein Vater muss das Motorengeräusch gehört haben, so viele Autos fuhren nicht in der kleinen Popitzstraße, und nun stand er hinter dem Zaun an der Gartentür, aber er öffnete sie nicht, hielt die Hände am Gitter und war bleich und unrasiert, sein

Gesicht war angespannt, so dass der Schnurrbart verrutscht schien, er war entsetzt, mich zu sehen, und wollte auch nicht mit mir sprechen, sagte nur »geh, geh« und »was macht die bloß«. Und mit »die« meinte er Gisela, die heulend im Auto hinter dem Lenkrad saß, er sah aber nicht zu ihr hin, sein Gesicht war ganz starr, und nachdem er noch einmal »geh, geh« gesagt hatte, stieg ich wieder ins Auto, und Gisela und ich fuhren zurück nach Berlin, sie hatte abends eine Vorstellung im Theater zu spielen und setzte mich bei meiner Mutter ab. Georg blieb draußen in dem Haus in Bad Saarow, bis er das möblierte Zimmer in Hirschgarten bei der »Landlady« mietete und dorthin zog. An diesem Samstagnachmittag am Gartenzaun, zwischen dem offenen Auto auf der Popitzstraße und dem Gartenzaun, war es das letzte Mal, dass wir uns zusammenfanden – wir drei.

Wenig später berief die Partei Georg auf seinen letzten Posten – als Direktor des Kabaretts »Die Distel«, wo er sofort die jüngste, hübscheste und begabteste Schauspielerin hofierte und gleichzeitig ein Verhältnis mit einer der jüngeren Freundinnen meiner Mutter begann. Inzwischen war er in die Anderthalb-Zimmer-Wohnung im »Hans-im-Loch-Viertel« gezogen, dort hatte er wenigstens zwei Räume und einen Parkplatz für den Wartburg vor dem Haus und keine »Landlady«, die ihm Besuch nach 22 Uhr verbot. Seine »Enge des Herzens« jedoch verstärkte sich, und er fuhr nun fast jedes Jahr zur Kur nach Bad Elster, und von dort schrieb er mir wieder von seinen Spaziergängen und Lektüren, diesmal waren es die Unterhaltungen Goethes mit Kanzler Müller, aus denen er mir Sentenzen kopierte: »Als unter mancherlei ausgebrachten Toasten auch einer der Erinnerung geweiht wurde, brach er (also Goethe) mit Heftigkeit in die Worte aus: Ich statuiere keine Erinnerung in Eurem Sinne ... Es gibt kein Vergangenes, das man zurücksehnen dürfte, es gibt nur ein ewig Neues, das sich aus den erweiterten Elementen der Vergangenheit gestaltet, und die echte Sehnsucht muss stets produktiv sein, ein neues, besseres Ich in uns erzeugen.«

Obwohl meine Mutter zu dieser Zeit manchmal sagte, sie könne sich vorstellen, dass Georg und Gisela doch wieder zueinanderfänden, kam es ganz anders. Georgs neues besseres Ich stürzte sich in eine neue Liaison, eine neue Ehe, ein neues Kind.

An einem Samstagnachmittag saßen wir in der Anderthalb-Zimmer-Wohnung im Hans-Loch-Viertel und warteten auf den Anruf aus der Klinik, der die Geburt seines Kindes mitteilen würde, damit wir dann hinausfahren und das Baby begrüßen könnten. Georg bestand darauf, dass ich dabei sein sollte, ich sollte Anteil nehmen, weil ich ja ein Teil von ihm war, wie sein Arm oder sein Bein, so schleppte er mich durch sein Leben, dabei wäre ich an diesem Wochenende viel lieber mit meinen Freunden, der Fanclique von »Team 4«, zum Konzert gefahren. »Team 4« spielte auf kleinen Bühnen in Gaststätten am Rande von Berlin Songs von den Beatles und den Rolling Stones, und die Fans, zu denen ich von Anfang an gehörte, fuhren ihnen hinterher und tanzten zu ihrer Musik die Nächte durch. Was hatte ich mit Georgs neuester Affäre zu tun und seinem Baby, das wieder ein Mädchen wurde und das er wieder nach der geliebten »Dammschtädder« Großmutter Anna nannte. Ehrenmann, der er nun einmal war, heiratete er die Mutter des Babys, sie wurde seine letzte Frau. Er war nun dreiundsechzig, und die Frau war um die dreißig, wie es seine Frauen immer gewesen waren.

Ich konnte ihm jedoch sein »neues besseres Ich« nicht glauben, weder bei der Berufung zum »Distel«-Direktor noch bei der neuen Frau, seit ich ihn so unglücklich und verzweifelt in der Zeit der Trennung von Gisela erlebt hatte, wie er da am Zaun in Bad Saarow gestanden und auf unserem Spaziergang in Hirschgarten geweint hatte. Den Geliebten meines Vaters war ich manchmal kurz begegnet, aber danach sah ich sie meistens nicht wieder. Die neue Frau allerdings, Mutter meiner Halbschwester, musste ich nun oft sehen und sollte sie nach dem Wunsch meines Vaters annehmen, obwohl ich sie schon auf den ersten Blick nicht mochte und ihr das auch zeigte, mich unhöflich und ungezogen aufführte; schon im Krankenhaus Friedrichshain ließ ich meinen Vater das Baby am Bett der neuen Frau allein betrachten und guckte auffällig uninteressiert aus dem Fenster auf den Parkplatz des Krankenhauses. Wenig später führte mich mein Vater einmal zu einer Aussprache in das Café hinter dem Hotel International in der Karl-Marx-Allee, in dem immer die Freunde meiner Mutter aus England wohnten, wenn sie zu Besuch kamen und mir dabei unter anderem die allererste Beatles-Platte, »Love Me Do«, und später regelmäßig die neuesten Platten mitbrachten; auch mein Vater traf diese Freunde manchmal wieder, aber das war selten, so wie die Wohnungen seiner Frauen hatte er eben auch jedesmal deren Freundeskreise verlassen, und einen eigenen Freundeskreis hatte er nicht. Dort in dem Café, was man da so ein Café nannte, eine hässliche kalte Bude, wies mich mein Vater nun zurecht, dass ich diese neue Frau jetzt akzeptieren und respektieren müsse und mich ordentlich und anständig ihr gegenüber verhalten solle, einen guten, freundlichen Eindruck machen, wie es sich gehöre. Ich war trotzig an diesem Nachmittag, ich hatte überhaupt keine Lust, einen guten Eindruck zu machen; ich hatte das Gefühl, als hätte ich schon mein ganzes Leben immer nur einen guten Eindruck gemacht, meine beiden Eltern schienen sich im übrigen einig zu sein, das als einen Erziehungserfolg nach der englisch-sowjetischen Art anzusehen. Außerdem solle ich endlich die Kontakte zu Gisela einstellen, aufhören, sie zu besuchen, ihre Geschenke anzunehmen und ihre Vorstellungen im Theater anzusehen, fügte er seinen Forderungen noch hinzu.

Ich hatte ja gar keine Wahl, ich musste mich an die neue Frau gewöhnen, ich sah die zweite Anna als meine Halbschwester in Georgs vierter Ehe aufwachsen, und irgendwie mochte ich das kleine Ding ja dann auch. Aber den Kontakt zu Gisela stellte ich nicht ein, darin war auch meine Mutter mit mir solidarisch, wir waren und blieben Freundinnen und hielten an unserem Bund fest. Ich besuchte sie weiter in der Hugenottensiedlung, da lebte sie nun mit einem neuen Mann, der auf dem Platz meines Vaters saß, während »Tante Hedwig« weiter das Essen auftrug und ihn auch weiter »Herr Doktor« nennen konnte, denn er war auch ein promovierter Herr. Gisela fragte mich bei der Gelegenheit über Georgs neues Kind aus, nach der neuen Frau fragte sie nie, und der »Herr Doktor« fragte mich nach Georg aus; sie hatten sich früher gekannt, in den ersten Jahren der Nachkriegszeit in den Kultur- und Presseclubs, der neue Mann war damals ein angehender junger Theaterkritiker und Georg, zwanzig Jahre älter, der erfahrene Zeitungsmensch. Während der Säuberungen in den fünfziger Jahren war der Kritiker, inzwischen Professor für Marxistische Philosophie, in einem Schauprozess zu zehn Jahren Haft verurteilt worden, aus der er nach sieben Jahren durch eine Amnestie entlassen wurde. Gleich in den ersten Tagen nach seiner Entlassung traf er im Theater die Schauspielerin, und dann zog er auch schon bald bei ihr ein. Nun teilte er sich an Stelle meines Vaters die Wohnung mit den Katzen, die ihm allerdings, genau wie Georg, wenig zu bedeuten schienen. Er blieb fast zehn Jahre, danach heiratete er eine andere Frau.

Gisela lebte von da an allein in der Wohnung im Hugenottenviertel, sie war noch eine ganze Zeit eine sehr berühmte Schauspielerin und Sängerin, gastierte in vielen Ländern, spielte auf der Bühne des Berliner Ensembles und drehte zahlreiche Filme. In den Urlaub fuhr sie immer allein, immer in die Berge zum Wandern, und schrieb Ansichtskarten, auf denen sie mich an unsere gemeinsamen Urlaube und Ferien erinnerte.

Denn es hatte ja auch eine schöne, ja fröhliche Zeit in der Vergangenheit gegeben, wenn wir zu dritt im Wartburg mit dem IB-Kennzeichen in die Ferien fuhren, auch damals schon immer in die Berge. Einmal nach Tirol, sie hatte einen Onkel in Innsbruck, den besuchten wir dort, und er lud uns in eine Konditorei in der Altstadt ein, nachdem er uns das »Goldene

Dachl« gezeigt hatte, da spendierte er mir aber nur ein bescheidenes Eis, nicht zu vergleichen mit dem riesigen Eisbecher des Komponisten am 40. Jahrestag der Oktoberrevolution. Georg und Gisela hatten Zimmer in einer Pension im Leutaschtal gemietet, und jeden Tag bestiegen wir die Berge, Gisela immer singend vorneweg, mein Vater hinterher und ich abgehängt noch weiter hinten; sie forderte uns auf, mitzusingen und überhaupt mehr Schwung beim Wandern zu zeigen. Ich fand es ziemlich anstrengend, ich war ja ein Stadtkind, einmal bekam ich sogar Höhenfieber, und sie verpassten mir in der nächsten Baude einen Kräuterschnaps, der dagegen helfen sollte. Vor der Reise hatte mir Gisela bei ihrer Schneiderin ein Zillertaler Dirndl anfertigen lassen, das ich ziemlich albern fand, aber ich sollte wohl ihre Tirol-Nostalgie zur Schau tragen, denn sie war schon als Kind immer mit ihren Eltern dort gewandert und als Jugendliche, wie sie erzählte, mit dem Fahrrad den Brenner hinuntergefahren, dabei habe sie den Zwischenraum zwischen Rad und Schutzblech mit Moos verstopfen müssen, um die Bremswirkung zu verstärken, aber es sei natürlich trotzdem eine rasende Abfahrt gewesen. Mein Vater gab mir in diesem Sommer für die Abende Grillparzer-Stücke zu lesen, »König Ottokars Glück und Ende« und »Bruderzwist im Hause Habsburg«, und von Nestroy wurde sowieso viel gesprochen, da wieder einmal eines seiner Stücke in der so erfolgreichen Besetzung durch die Scala-Schauspieler aufgeführt worden war, in der Gisela als einzige Nicht-Wienerin auftrat und natürlich auch mein Schwarm, dem ich den Heiratsantrag gemacht hatte.

Bei einem unserer Abstiege, der weniger anstrengend war, lief ich einmal weit vorn und fand eine Abkürzung zu unserer Pension quer durch den Wald, so war ich für eine Viertelstunde der Aufsicht meines Vaters und Giselas entzogen, sie hatten mich zwar gerufen, aber ich hatte es nicht mehr gehört, ich war schon bei der Pension angekommen und erwartete sie dort gutgelaunt bei einem »Almdudler«, doch die beiden kamen ganz aufgeregt und beunruhigt an, weil sie meine Spur verloren hatten, und da bekam ich von meinem Vater die zweite und letzte Backpfeife meines Lebens.

Wann und wo Georg die letzte Frau geheiratet hat, weiß ich nicht genau, wenigstens hatte er nicht darauf bestanden, dass ich dabei sei, wie dann bei der Geburt seiner zweiten Tochter Anna. Er hatte zu dieser Zeit als Direktor der »Distel« schon wieder viel neuen Ärger, ähnlicher Art wie beim »Stacheltier«. Die »Distel« sollte ein politisches Kabarett sein, konnte es aber natürlich vor lauter politischer Einschränkung nicht sein und durfte es ja auch gar nicht.

Trotz des guten Eindrucks, zu dem er mich verpflichtete, stritten wir uns jetzt häufiger auch über politische Themen. Ich besuchte ihn weiter an den Wochenenden, wenn auch nicht mehr an jedem Wochenende. Aus der Wohnung im »Hans-im-Loch-Viertel« war er mit der Frau und dem Baby in eine etwas größere Wohnung hinter der Karl-Marx-Allee gezogen, und ich passte manchmal auf das Baby auf, wenn sie abends ausgingen.

Die neue Frau war der Schauspielerin nie begegnet, aber sie war sehr eifersüchtig auf sie, denn sie spürte sicher Georgs große Enttäuschung über den endgültigen Bruch mit ihr und dass er sich wohl nur aus Verzweiflung in dieses letzte Abenteuer und die neue Ehe gestürzt hatte, und auch mir nahm sie natürlich übel, dass ich Gisela weiterhin sah; der Name wurde nie ausgesprochen, Gisela war eine persona non grata in dieser neuen Ehe. Georg ließ seine letzte Frau tatsächlich ziemlich oft seinen wankenden Gemütszustand merken, seine Depressionen tauchten wieder auf, die ihn tagelang verstummen ließen, wie sie mir vorwurfsvoll mitteilte, als ob ich dafür verantwortlich sei. Ihr Vater war mit ihm gleichaltrig, und Georg mochte ihn natürlich nicht, schon weil er ein alter Preuße war. Wenn er wenigstens aus Hessen gewesen wäre, wie Giselas Vater.

Zu Beginn seiner Zeit als Direktor des »Distel«-Kabaretts hatte Georg noch die Idee, diese kleine theatralische Form zu beleben, er hatte ja nun fast zehn Jahre als begleitender Theatermensch an der Seite einer Schauspielerin verbracht. Wenn auch der politische Rahmen sehr eng beschränkt war, suchte er wenigstens in der Form ein wenig herumzuexperimentieren, mit eingeblendeten Filmsequenzen etwa, so dass der Schauspieler auf der Bühne mit sich selbst dialogisieren konnte, damit das Programm, wenn es schon keinen politisch wirklich heißen Stoff anbieten konnte, doch nicht bloß »kalten Kaffee« servierte, wie Georg sich ausdrückte. Wie schon beim »Stacheltier« musste natürlich jedes neue Programm von den Parteibehörden genehmigt und »abgenommen« werden und ging nie ohne mehrfache Zurechtweisungen über die Bühne.

Vielleicht weil ihm doch langsam alles schon schwer

wurde, der Bruch mit Gisela, die neue Ehe, das neue Kind, der ewige Ärger um jeden Satz auf der »Distel«-Bühne, verschwand er nun manchmal für ein paar Tage, riss aus, und ich bekam dann eine Postkarte oder einen Brief. Einmal schrieb er aus Prag: »Der Gedanke an die ›Distel‹ verursacht mir Übelkeit und Brechreiz. Nach einem Tag in Prag gefällt mir der größenwahnwitzige DDR-Zwerg schon überhaupt nicht mehr, wo alle Leute immer alles besser wissen, da überkommt mich ein Gefühl völligen Überflüssigseins. Ich bin ins Jüdische Museum gegangen, und da fasste der Kassenjude – aber ein ganz durchgeistigter Typ – gleich große Zuneigung zu mir und gab mir noch lauter Spezial-Ejzes, was die Gojim natürlich ärgerte. Dann sah ich mir die schöne Sammlung und die Spanische Synagoge an und habe auch den verwunschenen Friedhof mit dem Grab von Rabbi Löw besucht, ich lief ganz allein zwischen den alten Gräbern herum und vergaß für kurze Zeit den ewigen Ärger über das letzte Distel-Programm und die demütigenden Anweisungen und Zurechtweisungen der Bezirksleitung.« Dabei trat gerade zu dieser Zeit eine gewisse allgemeine Lockerung der Kulturpolitik in der DDR und im ganzen Ostblock ein, die von der Kafka-Konferenz 1963 in Prag ausging und schon den Prager Frühling ahnen ließ, wenn nicht in einem noch viel weiteren Sinne von der »Kulturrevolution« der Beatles und Rolling Stones und der ganzen neuen Popkultur. Kafka war ein bis dahin in der DDR verbotener Autor, und er gehörte auch nicht zu den Autoren, die mir mein Vater zu lesen gab, dazu hatte er wohl einen zu klassisch-bildungsbürgerlichen Kanon, zu dem Kafka noch nicht zählte.

Vielleicht von dieser gewissen Lockerung ermutigt, hatte Georg 1964 Wolf Biermann in das »Distel«-Programm geholt, der an jedem Abend ein paar seiner – natürlich vorher abgesprochenen – Lieder sang, und überall in Berlin gab es jetzt plötzlich Lyrik-Abende und wurden *Hootenanny*-Nachmittage veranstaltet, »Team 4« spielte seine Beatmusik nun auch in den inneren Bezirken und nicht nur in den Vorstädten von Berlin und nahm sogar eine Schallplatte auf. Die leicht frühlingshafte Zeit dauerte allerdings nicht lange und wurde vom 11. Plenum des ZK der SED, das man dann das »Kahlschlag-Plenum« genannt hat, ein für alle Mal eingefroren. Die Partei ließ wissen, es gehe gar nicht um Kultur, sondern es gehe um Sauberkeit, und durch neue Säuberungen sollte jetzt den »moralisch zersetzenden Tendenzen entgegengewirkt werden«.

Zahlreiche Filme, Theateraufführungen und Bücher wurden verboten, Regisseure und Autoren ebenso »diszipliniert« wie der neue Jugendsender, der zu viel Beatmusik spielte, Biermann wurden alle öffentlichen Auftritte untersagt, und die gerade noch erschienene Kafka-Ausgabe wurde nie wiederaufgelegt. Das neue Programm der »Distel« wurde abgesetzt, da es »auch nach starken Änderungen auf Grund der Interventionen der Bezirksleitung der SED weiter unklare und schädliche Aussagen enthielt«. Georg fuhr erst einmal wieder zur Kur und schrieb mir: »Hätte man einen Charakter, würde man sagen, dass sie einen am Arsch lecken sollen – aber schließlich gibt man dann doch klein bei, das ist der Jammer.«

Als dann der Prager Frühling, der 1968 für einige Monate noch einmal kräftig aufblühte, durch den Einmarsch der Sowjettruppen und Ostblockarmeen zerschlagen wurde, war wohl auch für Georg wie für so viele andere, darunter alte Genossen, eine Grenze überschritten, die nicht mehr zu tolerieren war, aber anders als sein Freund Martin in Wien und fast alle aus dem ehemaligen Wiener Kreis in London hatte er nicht den Mut und vielleicht auch nicht den Willen, aus der Partei auszutreten und sich ganz abzuwenden. Obwohl er in seinem Leben immer wieder Frauen, Freunde, Familie, Wohnungen und Orte verlassen hatte – die Partei verließ er nicht, den »stumpfen Kern des Kommunismus« hat er doch nicht wahrhaben wollen.

Um der Absetzung als Direktor der »Distel« zuvorzukommen, reichte Georg selbst seinen Abschied ein. Er war jetzt schließlich auch im Rentenalter, und seine Frau hatte eine Stelle in der Provinz bekommen, so zog er ihr nach in die Provinz, kümmerte sich um die Hausaufgaben der kleinen Tochter, die dort eingeschult wurde, und ging viel mit dem Hund spazieren, den er närrisch liebte und der sein Alter und seine letzten Jahre begleitete. Es war ein Rauhaardackel, ein Jagdhund also, der, wo er nur konnte, alle Hühner totbiss, die ihm über den Weg liefen, deshalb hatte Georg immer eine

Börse bei sich, aus der er die Hühnerbesitzer, ohne zu diskutieren, entschädigte, denn er wollte dem Hund nicht seine Freiheit nehmen und ihn an der Leine führen, und in jedem Fall hatte der schon ein halbes Dutzend Hühner totgebissen, während Georg noch das Auto abschloss; er fuhr jetzt keinen Wartburg mehr, er fuhr jetzt einen Skoda.

Nun war er siebzig Jahre alt und lebte in der Provinz, er hatte viel Zeit, er war auch nicht krank, er war ja nie krank, es wäre der Moment gewesen, seine Lebenserinnerungen zu schreiben. Was alles geschehen war seit dem Tod seiner Mutter und dem Tod seines Bruders an irgendeiner französischen Front des ersten Weltkriegs, seit der Odenwaldschule, der *Vossischen Zeitung* und der Rue de Lappe, er hätte die Jahre in London, den Krieg, den »Blitz« und die Internierung in Kanada, den Weg aus seiner bildungsbürgerlichen Herkunft zum Kommunisten beschreiben und bedenken können. Aber er tat es nicht.

So war auch von vielem die Rede, aber nicht von den vergangenen Jahren in London, als Ruth, seine erste Frau, ihn dort in seiner Provinz besuchte, zusammen mit Georgs Nachfolger, dem »stadtbekannten Schwulen aus Frankfurt«, Henry, der früher Hermann hieß. Sie besichtigten Schlösser und Museen, aber Erinnerungen tauschten sie nur sehr wenige aus, allein solche an den Odenwald und die Odenwaldschule in Ober-Hambach. Vielleicht hatte der Cousin John aus London, der vorher in Breslau Hans hieß, recht, als er sagte, er glaube, dass Georg die Erinnerung und die Verbindungen aus der Vergangenheit nicht in die Gegenwart zerren wollte. Nach der Trennung in London war eben jeder seinen Weg gegangen. Während Georg sich auf die erzkonservative, einzig auf Machterhalt gerichtete Politik der Kommunistischen Partei eingelassen, sich in ihr verstrickt hatte und seine Energie im Ringen um winzige Freiheiten verlor, war Ruth neuen Wegen in der medizinischen Forschung gefolgt, veröffentlichte Artikel und Aufsätze in Fachzeitschriften, hielt Vorlesungen an der Universität und begleitete als Therapeutin Patienten, die sich einer Geschlechtsumwandlung unterzogen hatten.

Georg schrieb weder Erinnerungen noch Memoiren, und er sammelte auch nicht die Aufsätze und Artikel, die er in seinem doch ziemlich langen Journalistenleben seit den zwanziger Jahren verfasst und veröffentlicht hatte. Dafür schrieb er zwei polemische politische Sachbücher über die großen Medienkönige William Randolph Hearst und Alfred Hugenberg. Er dokumentierte ihren Aufstieg in den zwanziger Jahren, rollte die Entwicklung dieser Zeitungen und Medien zur »Massenpresse der Verdummung und Manipulation« und schließlich zur Gleichschaltung der Presse unter Hitler auf und klagte in deren Nachfolge auch noch die Springer-Presse an. Für seine Forschungen setzte er sich in den Lesesaal der Staatsbibliothek und arbeitete die – natürlich sozialistische – Fachliteratur durch, andere gab es ja nicht, und bestellte sich die alten Zeitungen in den Lesesaal. Was mag er dabei empfunden haben, er las die Zeitungen aus genau den Jahren, als er selbst als Journalist der *Vossischen Zeitung* für den Ullstein-Zeitungsverlag gearbeitet hatte, den großen Konkurrenten der Hugenberg-Presse. Warum schrieb er nicht die Geschichte des Ullstein Verlags oder eine Biographie der Ullstein-Brüder, die genau wie er in die Emigration gezwungen worden waren. Die Ullstein-Familie wird jedoch in seinem Buch nur ein einziges Mal, in einem ganz negativen Zusammenhang erwähnt, als »deutsch-jüdische Hochfinanz«, »die vor dem I. Weltkrieg den säbelrasselnden Wilhelm II. beriet, um seinen Kampf um den Platz an der Sonne zu finanzieren – angesichts des Vernichtungsfeldzugs, den zwei Jahrzehnte später die Hitlerfaschisten gegen die Juden unternahmen, eine selbstmörderische Haltung, die nur den verwundern kann, der die ›Judenfrage‹ losgelöst vom Klassenstandpunkt behandelt«, belehrt Georg den Leser in seinem Buch. Hat er das wirklich geglaubt?

Dann lässt er sich lang und breit über die anonyme Machtausübung durch die Monopolisten-Gruppen von Hugenberg bis Springer und überhaupt den ganzen verdorbenen kapitalistischen Pressebetrieb aus, den er ja nur allzu gut kannte und von dem er doch wusste, dass er im Verhältnis zur Presse unter sozialistischen Bedingungen immer noch frei und offen war und ein breites Spektrum politischer Orientierungen zuließ. Er hatte ja selbst zwei Jahrzehnte in diesem kapitalistischen Pressebetrieb gearbeitet. Wieso schrieb Georg ausgerechnet über die mangelnde Pressefreiheit in der westlichen Welt, wo er darüber doch besser Bescheid wusste und die

Zensur, der jedes geschriebene Wort und jeder gedruckte Satz in der DDR und im ganzen Ostblock unterworfen war, selbst jahrelang am eigenen Leibe erfahren hatte. Mit wem rechnete er eigentlich ab?

Ich habe mich damals für die Bücher, die er da schrieb, nicht interessiert und sie nicht gelesen, und natürlich warf er mir wieder vor, »du nimmst nicht den geringsten Anteil an meinem Schicksal«. Inzwischen war ich erwachsen und hatte ein Kind, und wir müssen ein merkwürdiges Bild abgegeben haben, wenn wir manchmal zusammen irgendwo auftauchten – ich mit meinem Baby und er mit seiner zehnjährigen Tochter.

Seine beiden Bücher erschienen, ohne irgendwelche Aufmerksamkeit auf sich zu ziehen, ich weiß nicht, wer sie las, er wusste es wahrscheinlich auch nicht, Besprechungen erwartete er nicht, und die gab es auch nicht. Stattdessen fuhr er mit einem Rentnervisum nach Paris und fühlte sich dort plötzlich »wohlgemut«, wie er mir schrieb: »Ich bin ein ganz anderer Mensch, lebhaft, fast geschwätzig, wie ich mich gar nicht kenne, ich bewege mich wie im Traum auf meinen krummen Judenbeinchen.« Mit seinem Rentnervisum hätte er auch noch einmal London besuchen können, aber er tat es nicht und sprach auch nie den Wunsch aus, es zu tun; obwohl seine Erzählungen die Stadt so gegenwärtig erscheinen ließen, schien sie für ihn unbetretbar geworden zu sein.

Auch die Wiederbegegnung mit Paris hatte ihn nicht motivieren können, Erinnerungen zusammenzutragen und niederzuschreiben. Er kehrte wieder in die Provinz zurück, zu Frau und Tochter und dem beißwütigen Hund. Wenn ich ihn besuchte, gab es mehr und mehr Diskussionen und manchmal Kräche, immer politischer Art, so wie in der Nacht, als ich nach Ilmenau zu Andreas flüchtete. Damals wusste ich noch nicht, dass die letzte Frau alles der Stasi zutrug, und ich weiß auch heute noch nicht, ob Georg davon Kenntnis hatte oder es gar tolerierte. Er konnte jetzt aufbrausend sein, und nur, um mich zu verletzen und zu provozieren, wir redeten über die fünfziger Jahre und die Säuberungen, schleuderte er mir einmal entgegen, »ja, ich habe ihn observiert, ja, ich habe berichtet, habe für seinen Ausschluss gestimmt, ja, ja, ja! Das waren die fünfziger Jahre!« Wer »er« war, habe ich vergessen oder verdrängt, wir stritten jetzt oft. Ich war in dieser Zeit mehrmals nach Moskau gereist, um dort für meine Abschlussarbeit über den im Gulag umgekommenen Theatermann Meyerhold zu forschen, der ein Modell für das Brecht-Theater war und dessen Schriften erst jetzt auf Russisch publiziert wurden. Es war natürlich eine naive Idee gewesen, die Archive in Moskau konsultieren zu können, sie knallten mir die Tür vor der Nase zu, aber dafür hatte ich dann viel freie Zeit für meine neuen Freunde aus den Moskauer Dissidentenkreisen, die mich endlich gründlich über den totalitären und verbrecherischen Charakter des realen Sozialismus aufklärten, sie hatten ihn meist am eigenen Leib erfahren. Ich habe danach meinem Vater das Buch mit dem Bericht von Jewgenja Ginsburg, sie war genauso alt wie er, über die fast zwanzig

Jahre ihres Lebens »dort« im Gulag auf den Tisch gelegt, ich hatte die Ginsburg in Moskau getroffen und das Buch über alle möglichen Kontaktpersonen aus dem Westen herüberschmuggeln lassen; ich glaube aber, er hat das Buch nie gelesen und nicht lesen wollen, so wie ich seine Bücher der Anpassung an die DDR-Ideologie nicht lesen mochte und nicht gelesen habe. Bei Wolf Biermann, mit dem ich mich inzwischen angefreundet hatte, lernte ich in dieser Zeit auch Ginsburgs Sohn, den Schriftsteller Wassili Axionow, kennen und habe ihn und seine Mutter später noch einmal in Moskau besucht, bevor sie 1977 starb und er bald danach in die USA auswanderte. Das Buch von Jewgenja Ginsburg, die Besuche bei Biermann, den er nach dem 11. Plenum aus dem »Distel«-Programm rausgeworfen hatte, die Moskauer Dissidenten-Freundschaften, das alles fand Georg so ähnlich unpassend wie die Bindung, die ich zu Gisela aufrechterhielt; er sah sie mit Unmut, ja, mit Zorn, er warf mir jedes einzelne dieser Dinge vor und alle zusammen, »aber all das«, schrieb er mir, »rührt nicht an unsere Liebe und kann uns nicht entzweien«.

Plötzlich nahm er sich dann wieder eine Wohnung in Berlin, irgendwo in Kaulsdorf-Nord oder Mahlsdorf-Süd, diesmal konnte er nicht mit einem ehemaligen Emigrantenkollegen tauschen, aber er schaffte es irgendwie, sich die kleine Wohnung da draußen zu »beschaffen«. Das sah für mich ein bisschen nach Scheidung aus, es war keine wirkliche Trennung von der letzten Frau, aber ein Fortgehen war es doch. Wir sahen uns wieder öfter, wenn er nun die Woche in Berlin verbrachte, er meinte ja immer, wir sähen uns nicht genug und hätten viel Zeit miteinander verloren, »wir Männer«, und natürlich gab er mir daran die Schuld, weil ich mich seiner Meinung nach von ihm abwendete. Dabei war ich nun einfach eine junge Erwachsene, die ihren eigenen Weg suchte, aber er sah mich wohl noch immer als einen Teil von sich selbst.

Über alle meine Freunde redete er schlecht, wie er ja über alle Menschen herzog und schlecht redete, wie ein richtiger Misanthrop eben, aber wenn ich sie ihm dann bei irgendeiner Gelegenheit vorstellte und wir einen Nachmittag oder Abend zusammen verbrachten, überwog doch immer sein Charme und seine Verführungskraft, und meine Freunde waren von ihm bezaubert und begeistert, so musste er wohl auch auf die zahlreichen Geliebten seines Lebens gewirkt haben – er war einfach ein charmanter, unwiderstehlicher Misanthrop.

Als er seine langweiligen propagandistischen Bücher schrieb und dafür im Lesesaal der Staatsbibliothek die alten Zeitungen der zwanziger Jahre las oder wenigstens durchsah, bestellte er sich gleichzeitig eine noch viel ältere Zeitung, nämlich die *Breslauer Zeitung*, und kopierte daraus die Artikel und Aufsätze seines Großvaters, besonders die, in denen er für die rechtliche Gleichstellung der Juden in Preußen eingetreten war und mit deren Gegnern gestritten hatte, die meinten, »dass der preußische Staat, gleich wie vom Heidentum, von einer jüdischen Religion nichts wisse«.

Georg vertiefte sich, während er seine Bücher über die kapitalistische Monopolpresse und die Manipulationen durch die Pressezaren Hearst und Hugenberg schrieb, in die Auseinandersetzungen über den Platz der Juden in der Gesellschaft, die sein Großvater und dessen Mitstreiter im Preußen des 19. Jahrhunderts geführt hatten. Da man in der Staatsbibliothek nicht so viele Kopien anfertigen konnte, schrieb er die Texte und Argumentationen des Für und Wider die Emanzipation der Juden teilweise Seite für Seite mit der Hand ab und versah sie am Rande mit vielen Ausrufungszeichen:

»… den geduldeten Juden nach alter Sitte wiederum ein Abzeichen an die Kleidung aufnötigen zu wollen, halten wir für einen Missgriff leidenschaftlicher Stimmung, zum Erkennen bedürfen sie dieses Abzeichens schwerlich, die Natur hat sie ja schon scharf genug gekennzeichnet.« Viele Ausrufungszeichen am Rand! Die abgeschriebenen Seiten heftete er zusammen und schickte oder übergab sie mir, ich überflog sie, aber verstand nicht, was er mir damit mitteilen wollte.

War das der Stoff des Buches, das ihn wirklich interessiert hätte, aber das er nicht schrieb? Oder war es eine Auseinandersetzung mit sich selbst über die Unentrinnbarkeit des Gezeichnetseins? Dabei konnte er noch nicht einmal wissen, dass auch die *files* vom MI5 als seine »natürlichen Kennzeichen« die *prominent nose* und das mediterrane Aussehen festgehalten hatten. War es ein Eingeständnis, die »miese Erbschaft« seines Großvaters angetreten zu haben, indem auch er sich in naivem Glauben einer aufklärerischen Idee verschrieben hatte, von der er einen Universalismus erhoffte, der ihn seiner Herkunft und »natürlichen Kennzeichnung« entkommen lassen würde? War doch sein Glaube am Ende schon erschüttert, und er spürte wohl, dass die Sache, der er sich hingegeben hatte, schon im Vergehen war, so wie seine eigene Lebenszeit. War es also die »miese Erbschaft seines Großvaters«, die ihm alle diese Unzugehörigkeiten eingebracht hatte? Als Jude ohne Bekenntnis, aber das Judesein war ihm ins Gesicht geschrieben. Als Deutscher bekannte er sich, er hatte schließlich das zweite »n« in seinem Namen unter den Engländern aufrechterhalten, so war er für die Engländer ein Deutscher geblieben, aber für die Deutschen ein Jude. Für die Genossen war er zu bürgerlich, nie über Hermann Hesse hinausgekommen. Für die richtigen Bürger war er zu bohèmehaft, er hatte ja nichts aufgebaut, angesammelt oder gar vermehrt, weder Titel noch Besitz, nicht einmal ein geordnetes Leben im einfachsten Sinne hatte er zustande gebracht mit all seinen Ehen und Scheidungen, und wie viel er herumgezogen ist, in wie vielen Wohnungen er gelebt hat, wegen Frauen und wegen Kriegen. Er hatte Orte, Adressen und Ehen aneinandergereiht und außer seinen beiden Töchtern und den Bata-Schuhen nichts besessen, und am Schluss war er dann nur noch ein *old man in a hurry*, wie er seiner Ärztin, die ihn zum Tode hin behandelte, erklärt hat. Dann starb sein Hund, und wenig später starb auch er und liegt nach seinem Wunsch auf dem Jüdischen Friedhof in Berlin-Weißensee begraben, manchmal besuche ich sein Grab, er liegt dort unter lauter fremdem Menschen. Seine beiden Töchter, die beiden Annas, haben auf seinen Grabstein außer seinem Namen nur seine Lebensdaten setzen lassen. 1903-1984.

In der Zeit der Trennung von der Schauspielerin, bevor er in das möblierte Zimmer in Hirschgarten zog, als meine Mutter noch meinte, Gisela und er würden vielleicht doch wieder zusammenfinden und auch wieder zusammenleben, war Georg mit mir auf ein Wochenende nach Plau am See gefahren, irgendwo in Mecklenburg, ich weiß nicht, warum er dieses Kaff ausgesucht hatte, ich hatte einmal einen Sommer dort im Kinderferienlager verbracht. Auf der Fahrt dorthin hatte der Wartburg wieder einmal einen »Platten«, aber »wir Männer« wechselten das Rad in geübter Wendigkeit, dann quartierten wir uns in einem kleinen Hotel ein. Gisela trat in der nächstgelegenen größeren Stadt auf, ich glaube, es war Schwerin, Georg wartete auf ihren Anruf, der ihn im Hotel, unten bei der Rezeption, erreichen sollte, deshalb gingen wir kaum aus dem Haus, es war sowieso windig und regnerisch. Am nächsten Tag fuhr er allein mit dem Wartburg los, er sagte mir nicht wohin, vielleicht zu einem Treffen mit Gisela; schweigend und traurig kam er abends zurück, wir aßen in dem trüb beleuchteten Hotelrestaurant eine »kalte Platte«. Dann schickte er mich aufs Zimmer mit Conrad Ferdinand Meyers Erzählung »Das Amulett«, die handelt von der Bartholomäusnacht. Er fuhr noch einmal mit dem Wartburg los, ich hatte Angst, weil er mich allein in der Nacht zurückließ, und ich hatte Angst um ihn, ich wusste nicht, wohin er gefahren war, und habe es nie erfahren. Er kam erst gegen Morgen zurück.

Wenig später ist er dann aus dem Hugenottenviertel in das möblierte Zimmer in Hirschgarten gezogen.

»Sie ist eine herausragende Beobachterin.«

Sandra Leis, *NZZ am Sonntag*

Ca. 144 Seiten. Gebunden
Erscheint am 23. August 2021

Barbara Honigmann ist eine Klasse für sich: Ob sie von einer lebhaften Begegnung mit einem jüdischen Geschäftsmann im Flugzeug erzählt oder ob sie davon berichtet, wie sie als Vierzehnjährige in Ost-Berlin den Existentialismus für sich entdeckte. Immer tut sie es mit ihrem feinen Sinn für Komik, und wenn nötig, offen und direkt. Ihr Lebensweg führte sie aus der DDR in den Westen, von Deutschland nach Frankreich, aus der Assimilation in das Tora-Judentum. Im ganz wörtlichen Sinn ist sie *unverschämt jüdisch* und schreibt darüber so persönlich, humorvoll und lebensklug, wie nur sie es kann.

HANSER

hanser-literaturverlage.de